MW01598800

El RENACER DE LOS JOVENES - THE RENEWAL OF YOUTH

El Renacer de los Jóvenes

The Renewal of Youth

KENNETH G. DAVIS, OFM Conv

Saint Meinrad School of Theology
St. Meinrad, IN 47577

ST PAULS

Alba House

Library of Congress Cataloging-in-Publication Data

Davis, Kenneth G., 1957-
    Renacer de los jóvenes, El = Renewal of youth, The / Kenneth Davis.
        p. cm.
    English and Spanish.
    ISBN 0-8189-0929-3 (alk. paper)
        1. Church work with youth—Catholic Church. 2. Church work with Hispanic
Americans. I. Title: Renewal. II. Title.

    BX2347.8 Y7 D38 2002
    268'.433'08968073—dc21

                                                                2002066606

Imprimatur:
✠ Reverendo José Oscar Barahona
Obispo de San Vicente

El Imprimatur es una declaración oficial de que un libro no tiene error doctrinal o moral. No contiene ninguna implicación de que quien ha otorgado el Imprimatur está de acuerdo con el contenido, opiniones o declaraciones espresadas en el libro.

Imprimatur:
✠ Most Reverend Oscar Barahona
Bishop of San Vicente

The Imprimatur is an official declaration that a book or pamphlet is free of doctrinal or moral error. No implication is contained therein that those who have granted the Imprimatur agree with the contents, opinions or statements expressed.

Produced and designed in the United States of America by the Fathers and Brothers of the Society of St. Paul, 2187 Victory Boulevard, Staten Island, New York 10314-6603, as part of their communications apostolate.

ISBN: 0-8189-0929-3

Printing Information:

Current Printing - first digit   1   2   3   4   5   6   7   8   9   10

Year of Current Printing - first year shown

2002   2003   2004   2005   2006   2007   2008   2009   2010

iv

Preface

This book has one goal only: to gather young people into small groups of faith reflection on Jesus Christ.

It offers material in thirty sessions to facilitate faith sharing once the young people are in small groups. The general introduction of those sessions explains how to use the method of small groups to reinforce youth associations that already exist.

The Conventual Franciscans of the Province of Our Lady of Consolation donated money to this project. We are very grateful to them. The material was piloted with young people in the United States and Central America. We thank them also. Finally, we dedicate this book to all the most needy youth, and especially to those who died before the publication of the fruit of their labor: Javier Montoya, José Mendoza, and Esperanza Martínez.

Presentación

Este libro tiene un solo propósito: ayudar a los jóvenes a que se reúnan en pequeos grupos para compartir su fe en Cristo.

Una vez que los jóvenes y las jóvenes se hayan organizado en pequeños grupos, el presente libro les ofrece material para reflexionar durante treinta reuniones. La introducción general a esas reuniones explica a los jóvenes el uso de la metodología de los pequeños grupos de reflexión, para reforzar los lazos de unidad que ya existen entre los jóvenes.

Los Franciscanos Conventuales de la provincia de Nuestra Señora de la Consolación donaron el dinero para este proyecto. A ellos nuestra gratitud. Los materiales han sido experimentados por jóvenes en programas piloto en los Estados Unidos y en Centro América. A ellos también, nuestro sentido gracias. Por fin, dedicamos este libro a los jóvenes más necesitados, en especial a Javier Montoya, José Mendoza y Esperanza Martínez, que murieron antes de ver publicado el fruto de su trabajo.

General Introduction to Faith Sharing

In order to properly use this book we need:
1) sufficient facilitators or leaders.
2) small groups of ten young people, each person with his or her book and Bible, and each small group coordinated by a facilitator.

Generally, there are two ways of organizing such small groups:

I. If you are already a member of a youth group, we suggest you suspend your normal activities during your ordinary meetings for the moment and use the following scheme:

Start your normal meetings at the same time, in the same place. Start with greetings, songs and prayers (see the "Weekly Scheme" pages). Afterwards, organize yourselves into small groups, each group with its facilitator and each participant with her or his Bible and this book. Each small group will meet every week, if possible, in the same place and with the same members. When you finish the part called "Act" (or at a designated time), each small group will gather with all the other groups to finish the meeting with the reminders, announcements, songs, and a final prayer.

II. If there is no youth group in your parish, you can organize small groups in private homes.

Nevertheless, we suggest that groups should be formed separately by persons of older and younger ages. Our experience has shown that the interests, needs, and abilities of a 13-year-old and a 21-year-old are different. It is better that younger teens should be together; the same should go for older teens.

Also, even though we suggest that the older groups be formed by both sexes, it will probably be best that small groups of younger

Introduccin general sobre cómo compartir la fe

Una buena utilización de este libro exige:
1) Un suficiente número de animadores juveniles
2) Pequeños grupos de diez jóvenes, organizados cada uno con su libro y su animador.

Dos son las formas más comunes de organizar los pequeños grupos.

I. A los grupos que pertenecen ya a un movimiento o grupo juvenil parroquial, se les sugiere que, mientras utilicen este libro, suspendan sus actividades normales de reuniones ordinarias y sigan el esquema siguiente:

Empezar la reunión en la forma acostumbrada: en el mismo lugar y hora. Proceder juntos a los saludos, cantos y oración (Ver esquema semanal).

Organizarse en pequeños grupos. Que cada grupo tenga su animador y cada participante su Biblia y su libro. A ser posible, que cada pequeño grupo se reúna todas las semanas en el mismo lugar y con los mismos miembros.

Una vez terminada la parte del Actuar (o a la hora estable-cida), los pequeños grupos regresan al salón para concluir juntos con el recordatorio, los avisos, el canto y la oración final.

II. Si en la parroquia no hay grupos juveniles, es factible organizar pequeños grupos juveniles en casas particulares.

Es saludable que los grupos se conformen teniendo en cuenta las edades de los jóvenes. Formar, pues, grupos de jóvenes mayores y de jóvenes menores. La experiencia demuestra que los intereses, necesidades y habilidades son distintas en un muchacho de 13 años y en un joven de 21.

Aunque los pequeños grupos de mayores pueden estar compuestos por jóvenes de ambos sexos, es mejor que los pequeños

ages be only boys or only girls. Older youth have enough maturity to talk about their private issues even in front of persons of the opposite sex. Our experience shows that the contrary happens with younger people when they are in mixed groups; they are more interested in trying to impress the other sex, or flirt or act like clowns, than to share the faith seriously. This is not a criticism; we were all like that. We pray that you will experiment with our suggestions for a few weeks to see how it all works out.

All facilitators, in all groups, should be older youth. We suggest that women coordinate all the female groups and that men coordinate the male groups. Of course, the mixed sex groups may have facilitators of any gender. This book is the same for all groups.

Faith-Sharing Principles

In an effort to keep your group consistent with its purpose, we offer the following Faith-Sharing Principles:

- God leads each person on his or her personal spiritual journey. This happens in the context of the Church.
- Faith sharing refers to shared reflections on the action of God in one's life as related to Scripture and the faith of the Church. Faith sharing is not necessarily discussion, problem solving, or Scripture study. The purpose is an encounter between a person in the concrete circumstances of his or her own life and the Word of God, which leads to a conversion of heart.
- Faith sharing is meant to serve our union with Christ and the Church, and thereby with one another. With the help of God's Spirit, we contribute vitally to the whole Church. From the Church we receive authoritative guidance. We are nurtured in the sacramental life. We are supported with a community of believers for our mission in the world.
- The entire faith sharing process is seen as prayer, that is "Listening to the word of God as broken open by others' experiences."

Guidelines for Small Groups

- Constant attention to respect, honesty, and openness for each person will assist the group's growth.
- Each person shares on a level at which she or he feels com-

grupos de menores estén conformados por solo muchachos o por solo muchachas. La razón es simple. Los mayores tienen la madurez suficiente y saben hablar de sus asuntos delante del sexo opuesto, mientras los menores de edad no. Cuando los menores de edad se encuentran en grupos mixtos, quieren impresionar al otro sexo, coquetear, hacer payasadas y no compartir seriamente la fe. No hay que extrañarse de esto porque no son más que etapas de la vida por las que todos hemos pasado. Si hubiera dudas al respecto, sigan esta sugerencia durante unas semanas para ver cómo funcionan.

Los animadores de cualquier grupo deben ser jóvenes mayores. Los grupos de muchachos menores tengan un animador varón y los de muchachas menores una animadora mujer. Los grupos de jóvenes mayores tienen su animador joven de cualquier sexo. Este libro es el mismo para todos.

Principios para compartir la fe en los pequeños grupos

Estos principios de participación de la fe tienen como fin ayudar a los pequeños grupos a mantenerse dentro de los objetivos trazados.

- Todos y cada uno de nosotros somos conducidos por Dios en nuestro viaje espiritual. Esto sucede en el contexto de la Iglesia.
- Compartir la fe significa dar a conocer a los del grupo lo que sentimos sobre la acción de Dios en nuestra vida, apoyados en las Escrituras y en la fe de la Iglesia. Compartir la fe no es igual a discusión, a estudio bíblico y menos a solución de problemas. Su objetivo es el encuentro de la persona con la palabra de Dios que lleva a un cambio de corazón.
- Compartimos la fe para lograr nuestra unión con Cristo, con su Iglesia y, por ende, con nuestro prójimo. De la Iglesia nos viene la orientación autorizada y el alimento de la vida sacramental. Nuestra misión en el mundo tiene el apoyo de la comunidad de creyentes.
- Podemos comparar el proceso de compartir la fe con una oración: "Escuchamos la palabra de Dios que se encarna y se expresa en la experiencia de los demás".

Pautas para los pequeños grupos

- El grupo madurará su fe mediante el respeto, la sinceridad y la tolerancia entre los integrantes.

fortable.
- Silence is a vital part of the total process of faith sharing. Participants are given time to reflect before any sharing begins, and a period of comfortable silence might occur between individual sharing.
- Participants are encouraged to wait to share a second time until others who wish to do so have first contributed.
- The entire group is responsible for participating and sharing the faith.
- It is essential that we do not mention outside the group what is shared. This will allow all members to participate openly.
- In order to achieve small group growth, it is essential that actions and answers go beyond just the small group.

The materials that you are now reading are designed as an aid to your participation in a small group.

We invite you to make a commitment to attend at least the next six meetings. Obviously, there are unforeseen situations that develop, and that is understandable. However, the commitment to spiritual growth and communal faith development graced by God is important.

We hope you feel comfortable in the group and discover the many ways God is speaking in your life.

The Role of the Facilitator/Leader

The facilitator is the person responsible for guiding the group through faith sharing and prayers (or to entrust this to one of the other small group members).

The facilitator will be responsible for keeping the group on track with the theme in a clear and flexible manner. This should be done in a gentle way that will encourage participation of timid members and will create an atmosphere of friendship and acceptance.

Facilitators will ask the questions clearly and directly. They will not frighten, shame or argue with the participants by words, gestures, expressions or tone of voice.

The facilitator will always keep the discussion on the theme without any deviations. Participants will sometimes ask questions about our faith. To try to answer these questions, the facilitator will sometimes need to refer to biblical resources or advice from a priest or other responsible and knowledgeable person.

- Cada persona comparte su fe en el nivel y la forma que elija.
- El silencio es parte vital del proceso de compartir la fe. Antes de empezar a compartir, Èngase un tiempo de silencio para que los participantes hagan su reflexión. El mismo silencio puede hacerse entre las intervenciones de los integrantes.
- Cuando alguien quiera participar una segunda vez, es preferible que espere a que todos lo hayan hecho, al menos, una vez.
- Todos los grupos, sin exclusión, deben participar y compartir la fe.
- Para garantizar la participación abierta de todos los participantes, es esencial que lo dicho en la reuniones no se comente fuera del grupo.
- Para el crecimiento del pequeño grupo parroquial, es esencial que las acciones y las respuesta vayan más allá del grupo.

El presente material ha sido diseñado como ayuda para facilitar la participación en los pequeños grupos.

Te invitamos a tomar el compromiso de asistir a un mínimo de seis reuniones. Entendemos que se pueden presentar circunstancias inesperadas. Sin embargo, el compromiso personal está por encima de muchas de ellas y es indispensable para el crecimiento espiritual y el desarrollo de la fe de la comunidad.

Esperamos te sientas a gusto en tu grupo y descubras la voz de Dios en tu vida.

Papel del animador en el pequeño grupo

El animador es la persona con la responsabilidad de guiar el grupo durante la comunicación y participación de la fe y la oración. El puede encargar esta tarea a otro miembro del pequeño grupo.

El animador mantendrá la atención del grupo sobre el tema, siendo claro y flexible. Siendo suave, hará que los miembros más tímidos participen. Creará un grupo abierto y unido fomentando un clima de amistad y aceptación.

Los animadores harán las preguntas en forma clara y directa. Sin embargo, no deben atemorizar ni avergonzar a nadie. No usarán palabras, expresiones, gestos o tonos de voz que den la impresión de estar discutiendo con los participantes.

El animador mantendrá la atención sobre el tema, sin permitir desviaciones. Los participantes pueden preguntar sobre la fe. El animador no trate de dar respuestas. Recurra, más bien, a

The facilitator will listen to the participants and will ask questions only when he or she needs to maintain a lively discussion or keep the conversation on the proposed theme. The facilitator will need to be prepared in advance to understand the questions within their context.

All facilitators will need to be mature and committed Christians.

Scheme for Meetings
(with suggested timing)

Greetings

Opening Song and Prayer: (10 minutes)

We start with a song and a brief prayer (that has been prepared beforehand).

During the **first meeting,** or when a new participant joins the group, invite everyone to introduce himself or herself.

In other meetings, these ten minutes will be used to share with others the actions taken since the previous meeting.

Focus: (1 minute)

Read the weekly focus slowly and in a loud voice.

See (15 minutes)

Human Experience:

The group will be invited to look at a drawing and take a few moments to talk about it.

Judge (45 minutes)

We judge our reality in the light of the Word of God and the Catholic tradition.

Listening to the Word:

It would be ideal if each of the participants has read and reflected on the Scriptures at home. The facilitator should assure that all participants have found the corresponding passage in their Bibles. How-

fundamentos bíblicos o a los consejos de un sacerdote u otra persona responsable y preparada.

El animador escuchará a los participantes y solo les hará preguntas cuando necesite animar la discusión o mantener la conversación sobre el tema de la reunión. El animador debe prepararse con antelación para entender las preguntas dentro del contexto.

Los animadores deben ser, sin excepción, personas maduras y cristianos comprometidos.

Esquema de la reunión

(Los minutos se indican como sugerencia a cada paso)

Saludos

Canto y oración inicial: (10 minutos)

Se entona un canto y se hace una breve oración (preparados de antemano).

En la primera reunión o cuando haya un nuevo participante, se invita a todos los integrantes del grupo a presentarse. En las otras reuniones, estos diez minutos se dedican para compartir con los demás las actividades cumplidas desde la reunión anterior.

Enfoque: (1 minuto)

Leer pausadamente y en voz alta el enfoque de la semana.

Ver (15 minutos)

Experiencia humana:

Se invita al grupo a que estudie el dibujo y a que lo comente después.

Juzgar (45 minutos)

Juzgamos nuestra realidad a la luz de la Palabra de Dios y de la tradición católica.

Escuchando la palabra:

El ideal es que cada participante haya leído y meditado en su casa el texto de la Escritura. El animador tiene que estar seguro de

ever, it is recommended you read it again as if it were a theater play.

Biblical Commentary:

A short commentary on each week's biblical reading is given which relates the reading to the lives of young people today. It should be read clearly and will serve as a guide for later sharing of the word.

God Speaks to Us:

The reading is repeated; this way it will penetrate deeply into us. The prayer to call upon the Lord can vary, but it must be short.

Sharing the Word:

Each person will **share** his or her own reflections on the passage that has been read. **Questions asked can serve as guides**. The focus will be on the way we experience the Lord's action in our daily lives.

The Church Tells Us:

Read a meditation taken from a Church document.

Act (10 minutes)

An Answer with Facts to Live Our Faith:

The facilitator will help group members to commit themselves to a specific action as an answer to the shared reflections.

After adequate time to allow participants to take notes or think about an action plan, anyone who wishes may share their commitment with the rest of the group.

Announcements and Reminders:

A reminder should be given that all participants should come to the meetings prepared and on time.

Closing Song and Prayer, prepared beforehand.

que todos los integrantes han encontrado el pasaje en sus Biblias. Sin embargo, es bueno leerlo de nuevo, como si fuera una obra de teatro.

Comentario bíblico:

Cada semana tiene un breve comentario bíblico que relaciona la lectura con la vida actual de los jóvenes. Se lee claramente para que sirva de guía al momento de compartir la Palabra.

Dios nos habla:

Se hace de nuevo la lectura de la Palabra de modo que penetre más profundamente en nosotros. La oración de invocación al Señor se puede variar, con tal que sea breve.

Compartiendo la palabra:

Todos comparten su reflexión sobre el pasaje bíblico leído. Las preguntas pueden servir de guía. El enfoque nos dará la forma de experimentar la acción de Dios en nuestra vida diaria.

Enseñanza de la Iglesia:

Se hace la lectura de una meditación tomada de los documentos de la Iglesia.

Actuar (10 minutos)

Una respuesta con hechos para vivir nuestra fe:

El animador ayuda a los miembros del pequeño grupo a asumir su compromiso de hacer algo concreto como respuesta a lo que se ha compartido.

Tras un tiempo conveniente, para que cada uno elabore su plan de acción, los que quieran compartir su compromiso con los demás, es bueno que lo hagan.

Memorandos y avisos:

Se les recuerda que deberán venir a las reuniones preparados y puntuales.

Canto y oración final, preparados de antemano.

The Call of God to Young People

La llamada del Señor a los jóvenes

God Loves Us

Greetings

Opening Song and Prayer

Focus:

When we most need him, the Lord reveals his love. He demonstrates that he loves us as we are: timid or popular, pure or sinful, happy or confused, and he invites us to recognize our own value and that of humankind.

See

Human Experience: Look at this drawing and take a few moments to talk about it.

What has made you feel incompetent or unimportant?
What did you do when you felt like that?

2

Dios nos ama

Saludos

Canto y oración inicial

Enfoque:

El Señor nos revela su amor cuando más lo necesitamos. El nos ama como somos: tímidos o populares, puros o pecadores, contentos o confusos. Su amor es, pues, una invitación a reconocer nuestros valores y los valores de los demás.

Ver

Experiencia humana: Observa este dibujo por un momento y lo comentas.

¿Quién o qué te ha hecho sentir incapaz o poco importante? ¿Qué hiciste cuando te sentiste así?

Judge

Listening to the Word:

Look in your Bible for Luke 15:11-32. Read it as if it were a theater play: one person will be the narrator and the rest will take the parts of all of the characters in the reading. In groups of both sexes, if there is not a female character in the reading, a female member of the group should be the narrator.

Biblical Commentary:

Neither of the sons understood his father's love. The younger one abused his love and afterwards thought he had lost that love due to his sins. The elder son insisted that, thanks to his good behavior, he was entitled to all his father's love and did not want to share it with his brother. Neither of them understood that their father's love was so great that there is no sin that can take it away, that this love is free, given generously and not deserved. God's love is the same: immensely free, impossible to lose or win; God is always there to celebrate it.

God Speaks to Us:

Repeat the Scripture in the same way, starting with the following prayer:
"Father, may your word enter my heart, open my mind, and change my life. Amen."

Sharing the Word:

Do you believe that God really loves us as we are? If this is the case, how do you demonstrate it?

If the Lord loves sinners as well as all those who do not obey "his word," what makes us try to be good?
How can you show to others that it is impossible to lose God's love because of a sin or defect?

4

Juzgar

Escuchando la palabra de Dios:

Busquen en su Biblia el pasaje de Lucas 15,11-32. Lo leen como si fuera una obra de teatro. Uno toma el papel de narrador y los demás asumirán las partes de cada personaje de la lectura. En los grupos mixtos, si no hay papel femenino, una muchacha hace la parte de narradora.

Comentario bíblico:

Ninguno de los hijos entendió el amor de su padre. El menor irrespetó ese amor y concluyó que lo había perdido por sus pecados. El mayor no irrespetó ese amor, pero creía que por, su buena conducta, merecía poseer todo el amor de su padre y no lo quería compartir con su hermano. Ni el uno ni el otro entendió el amor del padre: Era un amor tan grande que ningún pecado lo podía borrar. Era un amor gratuito, dado libremente, sin haberlo merecido o ganado. Tal es el amor de Dios: inmenso, gratuito; inmutable ante las pérdidas o las ganancias y siempre a disposición para la celebración.

Dios nos habla:

Leamos nuevamente el texto bíblico en forma dramatizada, comenzando con esta oración:
"Padre, que tu palabra entre en mi corazón, abra mi mente y haga cambiar mi vida. Amén".

Compartiendo la palabra:

¿Crees que Dios nos ama como somos? Si es así, ¿cómo lo demuestras? Si es verdad que el Señor ama a los malos y también a los que jamás desobedecen "una sola de sus órdenes", ¿qué nos motiva a ser buenos?

¿Cómo puedes hacer ver a los demás la imposibilidad de perder el amor del Señor por pecados o defectos?

5

The Church Tells Us:

"Frequently young people are used by political parties for their own ends and strategies more than to defend the rights of young people and respond to their necessities. Many youth fall for this trick with the hope of fleeing their situation by overcoming their economic problems." (*The Civilization of Love. Orientaciones para una Pastoral Juvenil Latinoamericana*, 2nd edition, CELAM, 1997, p. 38)

Act

When you reflected on the Scriptures and shared with others in your small group, did you feel inspired to respond in some way? A simple action should emerge. Following are some suggestions.

1) If you have a sin like the younger son, you can go to confession and be reconciled to God and others.
2) Knowing that God loves you just as you are, you can make a list of five talents God has given you. Or, you can tell someone else the talents you see in him or her.
3) Alone or with your small group, you can investigate the causes of sex outside of marriage today in which the younger son became involved.

If you wish, share with the group the action that you have decided upon.

Announcements and Reminders:

Everyone is requested to read the material for the next meeting so that you can all come prepared to listen and share.

Closing Song and Prayer

6

Enseñanza de la Iglesia:

"Con frecuencia, (los jóvenes) son utilizados por los partidos políticos para sus finalidades y estrategias más que para defender sus derechos y responder a sus necesidades. Muchos se prestan a este juego con la esperanza de salir de su situación y superar sus problemas económicos". (*Civilización del amor, tarea y esperanza*, pg 38, 2ª edición, 1997; *Orientaciones para una pastoral juvenil latinoamericana*, CELAM, Bogotá, 1995)

Actuar

Cuando reflexionaste sobre las Escrituras y compartiste con los demás, ¿tuviste alguna inspiración sobre cómo responder? De esta reflexión deberá surgir una acción sencilla. Los siguientes son meros ejemplos.

1) Si tienes algún pecado como el del hijo menor, te puedes confesar y reconciliarte con Dios y con los demás.
2) A sabiendas de que el Señor te quiere como eres, puedes hacer una lista de cinco cualidades que Dios te haya dado, o puedes hablar con otras personas sobre las cualidades que ves en ellas.
3) Tú o el grupo, pueden investigar las causas del actual libertinaje sexual, muy parecido a aquel en el que estuvo involucrado el hijo menor.

Si lo deseas, puedes compartir con el grupo la actividad que has decidido realizar.

Memorandos y avisos:

Se pide a todos leer el material de la próxima reunión de tal manera que vengan bien preparados para escuchar y compartir la fe.

Canto y oración final

God Heals Us

Greeting

Opening Song and Prayer

Review of Last Week's Actions

Focus:

The Lord calls us when we are in trouble or when we cause affliction. God will never abandon us and will always be ready to cure the injuries we have suffered, as well as those we have caused our neighbors. God always invites us to live fully and in harmony.

See

Human Experience: Look at this drawing and take a few moments to talk about it.

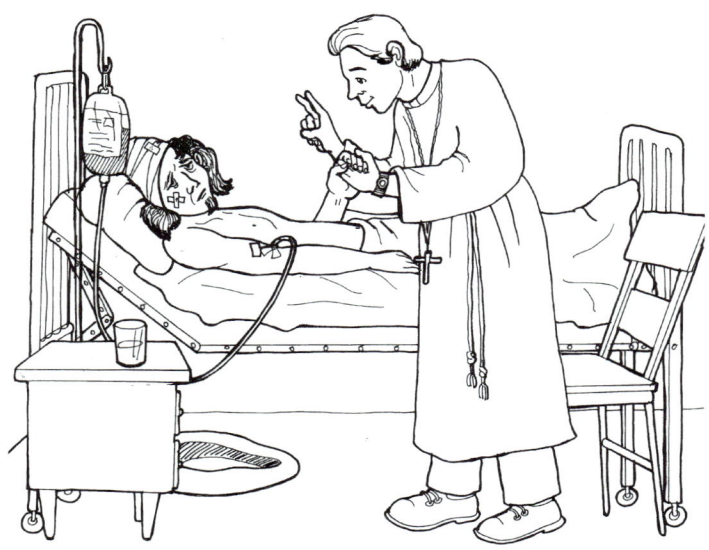

If you have ever been healed of a physical, spiritual, or emotional injury, what did God's power have to do with it?

Dios nos sana

Saludos

Canto y oración inicial

Repaso de las actividades de la semana

Enfoque:

El Señor nos llama cuando nos encontramos en dificultades o cuando causamos dificultades a otros. El nos da la seguridad de que no nos abandonará nunca y que estará siempre dispuesto a curar las heridas que hemos causado al prójimo y las que hemos recibido de ellos. Su invitación es siempre a vivir con plenitud y alegría.

Ver

Experiencia Humana: Observa este dibujo por un momento y lo comentas.

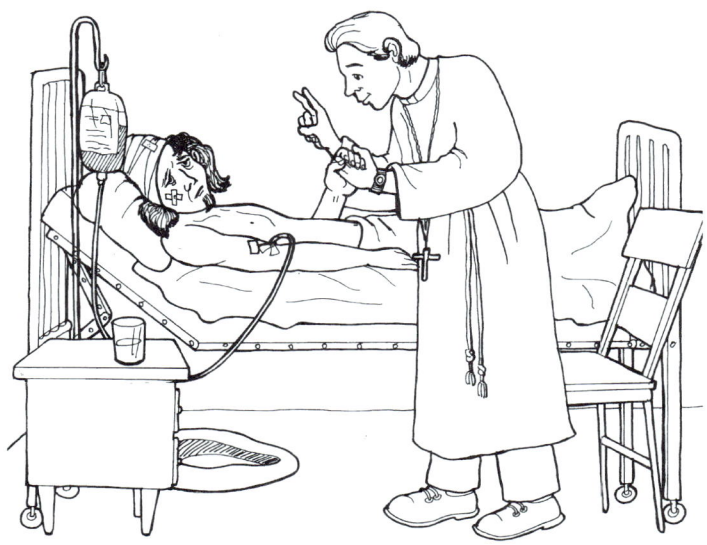

Si alguna vez tuviste la experiencia de sanar de un mal físico, espiritual, emocional, etc., ¿que tuvo que ver en esa situación el poder de Dios?

9

Judge

Listening to the Word:

Look in your Bible for Mark 9:14-29. Read it as if it were a theater play: one person will be the narrator and the rest will take the parts of all of the characters in the reading. In groups of both sexes, if there is not a female character in the reading, a female member of the group should be the narrator.

Biblical Commentary:

In Jesus' time, many people thought that an illness or accident was a result of the victim's sins. Jesus, however, treats the boy who is possessed by the devil with compassion, a lot different from the frustration or anger that he shows to adults. He orders the boy to be brought before him, asks about his health, cures him, and treats him with kindness. This is the same way he will treat the young person who is possessed by alcohol, drugs, or crime, or simply any person who cannot talk because of confusion, despair or hate, feelings often felt by young people.

God Speaks to Us:

Repeat the Scripture in the same way, starting with the following prayer:
"Lord, we are the sheep of your flock; heal the wounded lambs. Put your suffering hands over them. Open the mouths and ears of the deaf and mute to the beauty of your word. Amen."

Sharing the Word:

In what aspects of your life do you feel a lot of tension?
How can you open yourself to the Lord for him to cure these tensions?
What should be your attitude toward young drug addicts or gang members?
What concrete steps can you or your small group take to understand young people with problems?

10

Juzgar

Escuchando la palabra de Dios:

Busquen en su Biblia el pasaje de Marcos 9,14-29. Lo leen como si fuera una obra de teatro. Uno toma el papel de narrador y los demás asumirán las partes de cada personaje de la lectura. En los grupos mixtos, si no hay un papel femenino en la lectura, una muchacha hace la parte de narradora.

Comentario bíblico:

En los tiempos de Jesús, muchos pensaban que enfermedades y accidentes se debían a pecados de las víctimas. Pero Jesús no pensaba igual y trató a este joven endemoniado con mucha compasión. Pidió que le trajeran al joven, preguntó por su bienestar, lo curó y lo tocó tiernamente. De la misma forma tratará a los adictos al alcohol, a las drogas, a los crímenes o sencillamente a los jóvenes que, ante la confusión, el desprecio y la desesperación, se sienten mudos.

Dios nos habla:

Leamos nuevamente el texto bíblico en forma dramatizada, comenzando con esta oración:
"Señor, somos ovejas de tu rebaño. Sana las que están heridas. Pon las manos sobre las enfermas. Abre los oídos de las sordas y las bocas de las mudas a la belleza de tu Palabra. Amén".

Compartiendo la palabra:

¿En qué aspectos de tu vida sientes que hay más tensión?
¿Cómo sientes que debes abrirte al Señor para que sane tus tensiones?
¿Cuál es la mejor actitud a tomar con los jóvenes drogadictos, pandilleros, etc.?
¿Cuáles son los pasos concretos que tú o el grupo deberían tomar para mostrar comprensión hacia estos jóvenes en problemas?

The Church Tells Us:

"We believe in Jesus living and present in young people who, by the light of faith, opt for a social commitment in different political spaces, in commissions on human rights, in popular organizations, or responding to a ministerial vocation." (*The Civilization of Love,* p. 117)

Act

When you reflected on the Scriptures and shared with others in your small group, did you feel inspired to respond in some way? A simple action should emerge. Following are some suggestions.

1) Ask forgiveness from someone you have offended.
2) Talk gently with another young person who has problems.
3) Individually, or as a group, investigate the causes of alcoholism among young people.

If you wish, share with the group the action that you have decided upon.

Announcements and Reminders:

Everyone is requested to read the material for the next meeting so that you can all come prepared to listen and share.

Closing Song and Prayer

12

Enseñanza de la Iglesia:

"Creemos en Jesús vivo y presente en los jóvenes que a la luz de la fe optan por un compromiso social en los diferentes espacios políticos, en comisiones de derechos humanos, en organizaciones populares, o respondiendo a una vocación ministerial". (*Civilización del amor, tarea y esperanza*, pg 117, 2ª edición, 1997)

Actuar

Cuando reflexionaste sobre las Escrituras y compartiste con los demás, ¿tuviste alguna inspiración sobre cómo responder? De esta reflexión deberá surgir una acción sencilla. Los siguientes son meros ejemplos.

1) Pedir perdón a alguien que hayas ofendido
2) Hablar suavemente con otro joven con problemas
3) Tu mismo o el grupo pueden investigar las causas del alcoholismo en la juventud.

Si lo deseas, puedes compartir con el grupo la actividad que has decidido realizar.

Memorandos y avisos:

Se pide a todos leer el material de la próxima reunión de tal manera que vengan bien preparados para escuchar y compartir la fe.

Canto y oración final

God Calls Upon Us as a Family

Greetings

Opening Song and Prayer

Review of Last Week's Actions

Focus:

The Lord calls us as members of a family to be faithful to our commitments. He also helps us extend our love to the needs of society.

See

Human Experience: Look at this drawing and take a few moments to talk about it.

Everyone has a place to spend Christmas except me.

Can you remember a sad or happy situation when your family was together? What was your part in it?

Dios nos llama como familia

Saludos

Canto y oración inicial

Repaso de las actividades de la semana

Enfoque:

Como miembros de una familia, el Señor nos llama a ser fieles a los compromisos asumidos y a responder, con su ayuda y nuestro amor, a las necesidades de la sociedad.

Ver

Experiencia humana: Observa este dibujo por un momento y lo comentas.

¿Recuerdas una situación especialmente triste o alegre en la que tu familia actuó unida? ¿Cuál fue tu participación?

Judge

Listening to the Word:

Look in your Bible for Luke 2:41-52. Read it as if it were a theater play: one person will be the narrator and the rest will take the parts of all of the characters in the reading. In groups of both sexes, if there is not a female character in the reading, a female member of the group should be the narrator.

Biblical Commentary:

To Jesus, the Temple was not just a place; it was his home, the home of God his Father. Because of this, he expressed surprise when his parents went looking for him. For Jesus, to be at home with them or to be in God's house was the same thing: to know the Lord within a home. At the same time, it was easy for him to return and obey his parents because the house in Nazareth was also God's home. Our own families have a special value when they devote themselves to make their homes temples of God.

God Speaks to Us:

Repeat the Scripture in the same way, starting with the following prayer:
"Our God, you trusted the care of the first experience of Jesus to the Holy Family. Grant that, through their intercession, we may hear faithfully the Word of Jesus, as did the masters in the Temple. Amen."

Sharing the Word:

When and why do you feel that God is a member of your family? When Jesus was young, he acted with freedom, but not with immorality. Following Jesus' example, how can we act with freedom and at the same time honor, respect, and obey our parents?
How can we make our homes temples of God?

16

Juzgar

Escuchando la palabra de Dios:

Busquen en su Biblia el pasaje de Lucas 2,41-52. Lo leen como si fuera una obra de teatro. Uno toma el papel de narrador y los demás asumen las partes de cada personaje de la lectura. En los grupos mixtos, si no hay un papel femenino en la lectura, una muchacha hace la parte de narradora.

Comentario bíblico:

Para Jesús, el templo no era simplemente un lugar sino la casa de su Padre, su hogar. De ahí su sorpresa al verse buscado por sus padres. Estar con ellos en la casa y estar en el templo era para él la misma cosa. A eso se debió su obediencia y se volvió con sus padres a Nazaret, que también consideraba casa de Dios. Cuando nuestros hogares trabajan su fe hasta volverse templos de Dios, logran su gran significado en el mundo.

Dios nos habla:

Leamos nuevamente el texto bíblico en forma dramatizada, comenzando con esta oración:
"Señor y Dios nuestro, que confiaste los primeros ministerios de la salvación a la Sagrada familia, haz que nosotros, por su intercesión y, como los maestros en el templo, escuchemos fielmente la Palabra de Jesús. Amén".

Compartiendo la palabra:

¿Desde hace cuánto y por qué sientes que Dios es parte de tu familia?
El joven Jesús actuaba con libertad y no hacía lo que le daba la gana. ¿Cómo conjugar en nuestras vidas, a ejemplo de Jesús, vivir en libertad y obedecer a nuestros padres?
¿Cómo lograr que nuestro hogar sea templo de Dios?

The Church Tells Us:

"We young people opt for life, we love life and respect all of its manifestations: culture, family, the possibility of decent housing, access to health, education, work, a just salary, human rights, and environmental care. Because we believe in the God of Life, we want to shout yes to life, transforming all situations of death, rejecting all violence to construct a great country that respects the dignity of each human person." (*The Civilization of Love*, p. 151)

Act

When you reflected on the Scriptures and shared with others in your small group, did you feel inspired to respond in some way? A simple action should emerge. Following are some suggestions.

1) Talk compassionately with a young person who is distanced (emotionally or physically) from his or her family and invite him or her to your home.
2) Talk with a person you trust (a brother, cousin, aunt) about any problem you have.
3) Give a compliment or a present to the member of your family you appreciate the most or to any other person you love as a member of the family.

If you wish, share with the group the action that you have decided upon.

Announcements and Reminders:

Everyone is requested to read the material for the next meeting so that you can all come prepared to listen and share.

Closing Song and Prayer

Enseñanza de la Iglesia:

"Los jóvenes optamos por la vida, la amamos y la respetamos en todas sus manifestaciones: la cultura, la familia, la posibilidad de vivienda digna, el acceso a la salud y a la educación, al trabajo y al salario justo, los derechos humanos y el cuidado de la naturaleza. Porque creemos en el Dios de la Vida, queremos gritar un sí a la vida, transformando todas las situaciones de la muerte, rechazando toda violencia para construir una gran patria que respete la dignidad de la persona humana". (*Civilización del Amor, tarea y esperanza*, pg 151, 1997)

Actuar

Cuando reflexionaste sobre las Escrituras y compartiste con los demás, ¿tuviste alguna inspiración sobre cómo responder? De esta reflexión deberá surgir una acción sencilla. Los siguientes son meros ejemplos:

1) Identifícate con un joven alejado de su familia (distancia física o emocionalmente) e invítalo a tu casa.
2) Habla con una persona de confianza (hermano, primo, tío) sobre cualquier problema.
3) Haz un cumplido o da un regalo a la persona que más quieres en tu familia o a otra persona a quien quieres como tal.

Si lo deseas, puedes compartir con el grupo la actividad que has decidido realizar.

Memorandos y avisos:

Se pide a todos leer el material de la próxima reunión de tal manera que vengan bien preparados para escuchar y compartir la fe.

Canto y oración final

God Calls upon Us to Be Members of the Church

Greetings

Opening Song and Prayer

Review of Last Week's Actions

Focus:

The Lord speaks to us as members of a specific parish that is part of the universal Church. Since the Church is a community, God calls us to get closer to our parish and form in it a chain of small communities of vibrant faith. That way the parish, like the universal Church, will be a community of smaller communities. What a present! That is why we thank all our ancestors for the faith we have inherited.

See

Human Experience: Look at this drawing and take a few moments to talk about it.

How does our parish make us, young people, feel at home? How can they improve their welcome to young people?

20

Dios nos llama para ser Iglesia

Saludos

Canto y oración inicial

Repaso de las actividades de la semana

Enfoque:

El Señor nos habla como miembro de una parroquia especifica que es parte de la Iglesia Universal. Si la Iglesia es comunidad, entonces Dios nos llama a acercarnos a nuestras parroquias y a formar en ellas una cadena de pequeñas comunidades. ¡Qué regalo! Por eso les damos gracias a todos nuestros antepasados por la fe que heredamos.

Ver

Experiencia humana: Observa este dibujo por un momento y lo comentas.

¿Con qué actividades la parroquia nos acoge a los jóvenes para hacernos sentir en casa?

¿Cómo podría la parroquia mejorar la acogida a la juventud?

21

Judge

Listening to the Word:

Look in your Bible for John 21:15-22. Read it as if it were a theater play: one person will be the narrator and the rest will take the parts of all of the characters in the reading. In groups of both sexes, if there is not a female character in the reading, a female member of the group should be the narrator.

Biblical Commentary:

Our parents are not always perfect, but they deserve our honor, respect, and obedience because they love us and because God placed them as heads of the family. Likewise, Jesus placed Saint Peter as head of the Church (see Matthew 16:13-19), not because he was the most faithful of the apostles: the three questions in this reading hurt Peter because they remind him of the three times he betrayed Jesus. No, Jesus chose Peter and chooses our shepherds today (see also Acts of the Apostles 20:28) because they are bearers of the divine promise that is the love of Christ. So we can say that a SHEPHERD IS LOVE. Since young people have to obey such authority (see 1 Peter 5:5), in the same way the authority of the Church cannot be selfish or moody since it is based on the love of Christ. In this way, the apostle Saint John, who was the most loved, youngest, and most faithful apostle, accepted Saint Peter's authority because that older apostle loved Christ and the Church so much that he even died as a martyr.

God Speaks to Us:

Repeat the Scripture in the same way, starting with the following prayer:
"Help us, Father, to listen attentively to your word and through it to get to know Christ, your Son, better. We cannot know Christ without loving him, and we cannot love him without following him. Amen."

22

Juzgar

Escuchando la palabra de Dios:

Busquen en su Biblia el pasaje de Juan 21,15-22. Lo leen como si fuera una obra de teatro. Uno toma el papel de narrador y los demás asumirán las partes de cada personaje de la lectura. En los grupos mixtos, si no hay papel femenino, una muchacha hace la parte de narradora.

Comentario bíblico:

Nuestros padres no son perfectos. Sin embargo, merecen honor, respeto y obediencia porque Dios los puso al frente de nuestra familia y nos aman. Algo semejante sucedió cuando Jesús puso a san Pedro como jefe de la Iglesia (ver también a Mateo 16,13-19). No lo escogió porque fuera el más fiel. En efecto, las tres preguntas de Jesús le dolieron a Pedro porque le recordaban las tres veces que lo había traicionado. Jesús eligió a Pedro y a nuestros pastores hoy (ver también Hechos 20,28) porque son los portadores de su amor y nada más. El liga su autoridad a la cuestión del amor. Decir pastor es decir amor. Y como es deber del joven obedecer las disposiciones de la Iglesia (ver también a 1 Pedro 5,5), es deber de la autoridad de la Iglesia representar el amor de Jesús y no mostrarse egoista ni caprichosa. Es ejemplar la actitud de evangelista san Juan, el discipulo más querido por Jesús, aceptando la autoridad de Pedro. El conocía el gran amor de Pedro a Jesús y a la Iglesia, un amor capaz de dar la vida por ellos.

Dios nos habla:

Leamos nuevamente el texto bíblico en forma dramatizada, comenzando con la siguiente oración:
"Padre, queremos amar y seguir a Cristo. Para conocerlo mejor, ayúdanos a escuchar con atención tu palabra, porque solo amando y siguiendo a Cristo es como lo conocemos. Amén".

23

Sharing the Word:

What do the members of our small group most need to participate fully in the life of the parish?
What can we young people do to make our parish more like a home and not just like some everyday, ordinary place?
What would be the first step to accomplish this?

The Church Tells Us:

"As prophets, youth are called to play a part in the call of Jesus without fear of rejection or conflict. They carry on their shoulders the pain and suffering of others and make their own the cry of the poor and oppressed." (*The Civilization of Love*, p. 143)

Act

When you reflected on the Scriptures and shared with others in your small group, did you feel inspired to respond in some way? A simple action should emerge. Following are some suggestions.

1) Make a personal commitment to get closer to the young people you see at Mass but do not know.
2) Talk in your small group about the idea of making a survey to find out what the needs of young people in your parish are.
3) Ask a well-prepared person to give a talk to your group about the church.

If you wish, share with the group the action that you have decided upon.

Announcements and Reminders:

Everyone is requested to read the material for the next meeting so that you can all come prepared to listen and share.

Closing Song and Prayer

Compartiendo la palabra:

Para participar plenamente en la vida de la parroquia, ¿qué es lo que más necesita nuestro grupo de jóvenes?
¿Qué podemos hacer los jóvenes para que nuestra parroquia sea algo más que un lugar y se convierta en nuestro hogar?
¿Cuál sería el primer paso a dar para conseguir que la parroquia se vuelva nuestro hogar?

Enseñanza de la Iglesia:

"Como profetas, los jóvenes están llamados a jugarse por la causa de Jesús sin temores a rechazos y conflictos. Cargan sobre sus hombros el dolor y el sufrimiento ajeno y hacen suyo el grito de los pobres y oprimidos. Quieren encontrar el gesto y la palabra oportuna frente al hermano solo y oprimido".
(*Civilización del Amor, tarea y esperanza*, pg 143, 1997)

Actuar

Cuando reflexionaste sobre las Escrituras y compartiste con los demás, ¿tuviste alguna inspiración sobre cómo responder? De esta reflexión deberá surgir una acción sencilla. Los siguientes son solo ejemplos:

1) Asumir el compromiso de estar, durante la misa, más cerca de los jóvenes que menos conoces.
2) Proponer al grupo la idea de una encuesta para detectar las necesidades de los jóvenes de la parroquia.
3) Lograr que alguien debidamente preparado dé al grupo una charla sobre la Iglesia.

Si lo deseas, puedes compartir con el grupo la actividad que has decidido realizar.

Memorandos y avisos:

Se pide a todos leer el material de la próxima reunión de tal manera que vengan bien preparados para escuchar y compartir la fe.

Canto y oración final

God Calls upon Us as Members of a Neighborhood

Greetings

Opening Song and Prayer

Review of Last Week's Actions

Focus:

The Lord calls us to try to be friendly and helpful to members of our neighborhood and with our classmates or co-workers. He will help us maintain understanding and loving relationships.

See

Human Experience: Look at this drawing and take a few moments to talk about it.

In your neighborhood (clubs, sports teams, work, school, etc.), have you experienced solidarity between all young people, or are they divided into small, exclusive groups?

Dios nos llama como miembros de un vecindario

Saludos

Canto y oración inicial

Repaso de las actividades de la semana

Enfoque:

El Señor nos llama a ser amistosos y serviciales con los vecinos, los compañeros de trabajo o de escuela. El nos ayudará a cultivar buenas relaciones de entendimiento y cariño.

Ver

Experiencia humana: Observa este dibujo por un momento y lo comentas.

¿Qué clase de relación has experimentado entre tus vecinos jóvenes (club, equipo de deporte, trabajo, escuela, etc.)? ¿Solidaridad? ¿Divisiones? ¿Grupos cerrados?

27

Judge

Listening to the Word:

Look in your Bible for Mark 10:35-45. Read it as if it were a theater play: one person will be the narrator and the rest will take the parts of all of the characters in the reading. In groups of both sexes, if there is not a female character in the reading, a female member of the group should be the narrator.

Biblical Commentary:

Saint John, the youngest of the disciples, was also the one Jesus most loved. But when John wanted to take advantage of this love and form a ruling body with his brother, Jesus did not accept it. Christians stand out when they serve their neighbors and the community, but to excel they must learn to be humble. There is no community if some people are preferred over others, if there are fights over who is the most important. Jesus, through his example and his word, shows that all of us are really brothers and sisters only when we walk together with him toward his passion, death, and resurrection.

God Speaks to Us:

Repeat the Scripture in the same way, starting with the following prayer:
"Your word, Lord, is alive and effective; it pierces easier than a two-edged sword. May it penetrate to the roots of our souls to test our most intimate desires. May we respond to your call with vibrant faith. We ask this in the name of Christ our Lord. Amen."

Sharing the Word:

What does this reading say to you about relationships between young people?
How do you respond when someone offends you? Do you agree with the answer the Lord asks of you?
What special talent has the Lord given you to offer to your neighbors or friends?

28

Juzgar

Escuchando la palabra de Dios:

Busquen en su Biblia el pasaje de Marcos 10,35-45. Lo leen como si fuera una obra de teatro. Uno toma el papel de narrador y los demás asumirán las partes de cada personaje de la lectura. En los grupos mixtos, si no hay papel femenino, una muchacha hace la parte de narradora.

Comentario bíblico:

San Juan, el discípulo más joven de Jesús, fue también el más consentido. Pero cuando quiso aprovecharse del cariño de Jesús para formar una especie de junta directiva con su hermano, Jesús se opuso. La excelencia del cristiano está en servir al prójimo y la comunidad porque es allí donde los cristianos se superan y aprenden a ser humildes. Cuando hay preferencias y discusiones sobre quién es más importante, no hay comunidad. Los ejemplos y las palabras de Jesús nos dicen que solo cuando caminamos con él hacia su pasión, muerte y resurrección, somos de verdad hermanos.

Dios nos habla:

Leamos nuevamente el texto bíblico comenzando con esta oración:
"Tu palabra, Señor, es viva y eficaz, más penetrante que espada de doble filo. Ella penetra hasta la raíz de nuestra alma para probar nuestros deseos y pensamientos más íntimos. Haz, Señor, que respondamos a tu llamada con fe viva. Amén".

Compartiendo la palabra:

Según este pasaje de Marcos, ¿cómo deberían ser las relaciones entre jóvenes?
Cuando alguien te ofende, ¿cuál es tu reacción? ¿Es según te lo pide el Señor?
¿Cuál es el don que el Señor te dio para compartir con compañeros y vecinos?

The Church Tells Us:

"The Civilization of Love is a complete proposal. It is not intended just to satisfy simply the religious experiences or the private spheres of young people. It is a life project that implies all parts of existence: family, personal relations, the life of faith, the ecclesial community, sociopolitical commitment, work, free time, science, art, culture...." (*The Civilization of Love*, p. 149)

Act

When you reflected on the Scriptures and shared with others in your small group, did you feel inspired to respond in some way? A simple action should emerge. Following are some suggestions.

1) Become friends with a lonely or timid young person.
2) Discuss in your small group ways to invite other young people to share your meetings.
3) Participate in an activity that is trying to resolve a particular challenge to youth.

If you wish, share with the group the action that you have decided upon.

Announcements and Reminders:

Everyone is requested to read the material for the next meeting so that you can all come prepared to listen and share.

Closing Song and Prayer

Enseñanza de la Iglesia:

"La civilización del amor es una propuesta total. No está dirigida sólo a satisfacer vivencias religiosas ni esferas intimistas de la vida juvenil. Es proyecto de vida que implica todos los ámbitos de la existencia: la familia, las relaciones personales, la vivencia de fe, la comunidad eclesial, el compromiso sociopolítico, el trabajo, el tiempo libre, la ciencia, el arte, la cultura". (*Civilización del Amor*, *tarea y esperanza*, pg 149, 1997)

Actuar

Cuando reflexionaste sobre las Escrituras y compartiste con los demás, ¿tuviste alguna inspiración sobre cómo responder? De esta reflexión deberá surgir una acción sencilla. Los siguientes son solo ejemplos.

1) Muéstrate amigo con un joven aislado o tímido.
2) ¿Cómo habría que invitar a otros jóvenes a las reuiones? Discute el tema en tu grupo.
3) Participa en una actividad que busque soluciones a algún desafío de los jóvenes.

Si lo deseas, puedes compartir con el grupo la actividad que has decidido realizar.

Memorandos y avisos:

Se pide a todos leer el material de la próxima reunión de tal manera que vengan bien preparados para escuchar y compartir la fe.

Canto y oración final

God Calls upon Us in Hope

Greetings

Opening Song and Prayer

Review of Last Week's Actions

Focus:

The Lord calls us to find in his love a renewed hope. During the past meetings, we have seen how the Lord strengthens us and encourages us as individuals, as a family, as a parish community, and as members of a neighborhood. Now, he encourages us to keep on going forward, with our hope always in him, remembering that young people are the hope of the Church.

See

Human Experience: Look at this drawing and take a few moments to talk about it.

Describe a person who you feel inspires hope.

32

Dios nos llama a la esperanza

Saludos

Canto y oración inicial

Repaso de las actividades de la semana

Enfoque:

Hoy el Señor nos invita a vivir su amor como expresión de nuestra feliz esperanza. Las reuniones anteriores nos mostraron a Dios como animador y fuerza de nuestras personas, nuestras familias, nuestras parroquias y nuestro vecindario. Hoy nos llama a continuar el camino, confiando solo en él. Animémonos, pues, y caminemos porque "la juventud es la esperanza de la Iglesia".

Ver

Experiencia humana: Observa este dibujo por un momento y lo comentas.

¿Podrías describir alguna persona que te inspire esperanza?

33

Judge

Listening to the Word:

Look in your Bible for Matthew 1:18-25. Read it as if it were a theater play: one person will be the narrator and the rest will take the parts of all of the characters in the reading. In groups of both sexes, if there is not a female character in the reading, a female member of the group should be the narrator.

Biblical Commentary:

What a man of hope was the young Saint Joseph! According to the Jewish law, when he found out that his wife was pregnant (supposedly by adultery), he had the right to have her stoned to death (see Deuteronomy 22:20-21). Something was stopping him; could it have been that hope had filled him in spite of human trials? In any case, he believed in dreams (see Matthew 1:19-20; 2:13-15) because he had hoped in the Lord in spite of the hopeless situation he was going through. Only when we open ourselves to the Lord through hope, in spite of human trials, is it possible for him to take away all doubts.

God Speaks to Us:

Repeat the Scripture in the same way, starting with the following prayer:
"Your word gives me life; I wait on you, Lord. Your word will last forever; I will wait for it. Amen."

Sharing the Word:

What makes you despair?
What message did you receive from today's reading that will help you live with hope?
How can you share this hope with other young people? Give concrete examples.

34

Juzgar

Escuchando la palabra de Dios:

Busquen en su Biblia el pasaje de Mateo 1,18-25. Lo leen como si fuera una obra de teatro. Uno toma el papel de narrador y los demás asumirán las partes de cada personaje de la lectura. En los grupos mixtos, si no hay papel femenino, una muchacha hace la parte de narradora.

Comentario bíblico:

¡San José fue un joven de mucha esperanza! Según la ley judía (Deuteronomio 22,20-21), un hombre que viera que su prometida estaba embarazada (supuestamente por adulterio) tenía el derecho de hacerla matar a pedradas. Pero algo impedía a José hacer esto con María. ¿No sería la esperanza en Dios que lo animaba a caminar por encima de las humanas evidencias? En su desesperada situación, Dios le habló en sueños y él creyó (ver Mateo 1,19-20; 2,13-15). Cuando en situaciones humanas desesperadas nos abrimos al Señor, esperando contra toda esperanza, damos a Dios la posibilidad de iluminar nuestras dudas.

Dios nos habla:

Leemos nuevamente el texto bíblico en forma dramatizada, comenzando con esta oración:
"Tu palabra me da vida, espero en ti, Señor. Tu palabra es eterna, en ella esperaré. Amén".

Compartiendo la palabra:

¿Quién o qué cosas te hacen desesperar?
¿Cuál fue el mensaje de la lectura de hoy para ayudarte a vivir en la esperanza?
¿Cómo compartir tu esperanza con los demás jóvenes? Especifica casos concretos.

35

The Church Tells Us:

"…We believe that young people in America cannot live their hours and days passively since they must be the first citizens of this New Civilization. We believe it is possible to make among all of us a great country … in such a way that our borders are not high walls that will divide us, but lines of fraternal encounter, and we insistently request that the Civilization of Love will very soon be a reality among us. Amen." (*Civilization of Love Creed*)

Act

When you reflected on the Scriptures and shared with others in your small group, did you feel inspired to respond in some way? A simple action should emerge. Following are some suggestions.

1) Mark in your Bible this week the passages that inspire you the most.
2) Share these Bible texts with a young person who is desperate or alone.
3) Agree that before the next meeting you will all study one cause of desperation among young people. For example: poverty, unemployment, family disintegration, frequent transfers, sexual immorality, alcoholism, drugs, abuse experiences, etc.

If you wish, share with the group the action that you have decided upon.

Announcements and Reminders:

Everyone is requested to read the material for the next meeting so that you can all come prepared to listen and share.

Closing Song and Prayer

36

Enseñanza de la Iglesia:

El Papa Juan Pablo II dirigiéndose a los jóvenes:
"…Creemos que los jóvenes americanos no pueden vivir pasivamente sus horas y sus días sino que ellos deben ser los primeros ciudadanos de esta civilización nueva. Creemos que es posible hacer entre nosotros una patria grande… de modo que nuestras fronteras no sean murallas que nos dividan sino líneas de encuentro fraternal y pedimos con insistencia que la civilización del amor sea pronto realidad entre nosotros. Amén". (*Credo de la civilización del amor*)

Actuar

Cuando reflexionaste sobre las Escrituras y compartiste con los demás, ¿tuviste alguna inspiración sobre cómo responder? De esta reflexión deberá surgir una acción sencilla. Los siguientes son solo ejemplos:

1) En esta semana, marca en tu Biblia los pasajes que más te inspiran esperanza.
2) Comparte los textos bíblicos escogidos con algún joven alejado y desesperanzado.
3) Decidan de común acuerdo que antes de la próxima reunión van a estudiar una de las tantas causas de la desesperanza de los jóvenes: pobreza, desempleo, desintegración familiar, frecuentes traslados, libertad sexual, alcoholismo, drogadicción, abusos de diferente tipo, etc.

Si lo deseas, puedes compartir con el grupo la actividad que has decidido realizar.

Memorandos y avisos:

Se pide a todos leer el material de la próxima reunión de tal manera que vengan bien preparados para escuchar y compartir la fe.

Canto y oración final

The Answer of Young People to God

Respuesta de los jóvenes al Señor

Risk

Greetings

Opening Song and Prayer

Review of Last Week's Actions

Focus:

During the first season, we saw how the Lord calls us and loves us as we are. But, as we hear this call, we also feel that we have to face certain risks in order to answer like a Christian. We must face challenges and defeat sin. Each challenge provides a magnificent opportunity to meditate on the risks of responding positively to the Lord's call.

See

Human Experience: Look at this drawing and take a few moments to talk about it.

Have you ever suffered for love of Jesus?
What was the situation, and why did you do it?

Riesgo

Saludos

Canto y oración inicial

Repaso de las actividades de la semana

Enfoque:

En la primera etapa vimos que Dios nos ama y nos llama como somos. Sin embargo, al sentir este llamado nos hemos dado cuenta que nuestra respuesta impone correr algunos riesgos. Se trata de hacer frente a desafíos y vencer el pecado. Cada desafío es la mejor ocasión que se nos da para entender lo valioso que es arriesgarse por el Señor.

Ver

Experiencia humana: Observa este dibujo por un momento y lo comentas.

¿Has sufrido alguna vez por amor a Cristo?
¿Cuál fue ese sufrimiento y por qué lo hiciste?

Judge

Listening to the Word:

Look in your Bible for Mark 10:17-22. Read it as if it were a theater play: one person will be the narrator and the rest will take the parts of all of the characters in the reading. In groups of both sexes, if there is not a female character in the reading, a female member of the group should be the narrator.

Biblical Commentary:

We know through the other Gospels (Matthew 19:16-22; Luke 18:18-23) that the "wealthy and rich person" in this reading was young. He wasn't a depraved young man, but one who knew how to respect the commandments. That is why Jesus Christ wanted to invite him to a more perfect relationship with him, to accompany him and make him experience his loving gaze every day. But this young man did not want to take that step; he did not want to risk his economic security or prestige. Since he preferred the love of his own life to the love of Christ, this young man left very sad. Jesus also calls on us, rich or poor, depraved or pious, constantly to deepen our relationship with him and each day to take any necessary risks to devote ourselves completely to his loving call.

God Speaks to Us:

Repeat the Scripture in the same way, starting with the following prayer:
"Lord, you put yourself in the hands of sinners; you risked everything for me. Help me listen to your Word and answer your call with courage. Amen."

Sharing the Word:

What have you had to risk for the love of Jesus?
How does the environment you live in (family, work, friends, school, boyfriends/girlfriends, etc.) make your response to Jesus difficult?
How does your small group help you to better respond to Jesus?

42

Juzgar

Escuchando la palabra de Dios:

Busquen en su Biblia el pasaje de Marcos 10,17-22. Lo leen como si fuera una obra de teatro. Uno toma el papel de narrador y los demás asumirán las partes de cada personaje de la lectura. En los grupos mixtos, si no hay papel femenino, una muchacha hace la parte de narradora.

Comentario bíblico:

Los otros evangelios (Mt 19,16-22; Lc 18,18-23) nos dicen que ese "rico" era un joven honesto que respetaba los mandamientos. No era, pues, un vicioso. Cristo lo invita a entablar con él una relación más perfecta. Quería ser su maestro y hacerle experimentar su amor todos los momentos del día. El joven lo pensó un momento y no se atrevió a dar el paso para no arriesgar su seguridad económica y el honor de su clase social. Amó más sus bienes sus cosas y dio la espalda a Cristo. Eso le produjo una gran tristeza. Lo mismo pasa con nosotros. Jesús nos invita a profundizar nuestra relación con él sin importarle si somos ricos o pobres, honrados o viciosos. Nos invita a que corramos los riesgos de seguirlo en su obra de amor.

Dios nos habla:

Leamos nuevamente el texto bíblico en forma dramatizada, comenzando con esta oración:
"Señor Jesús, que te entregaste en manos de pecadores arriesgándote por mí, ayúdame a escuchar tu Palabra y a responder a tu llamado con valor. Amén".

Compartiendo la palabra:

¿Qué has arriesgado hasta el día de hoy por amor a Jesús? ¿De qué manera el ambiente en que vives (familia, trabajo, amigos, escuela, novios, novias, etc.) te hace problemática la respuesta a Jesús?
¿En qué forma el pequeño grupo te facilita una mejor respuesta a Jesús?

43

The Church Tells Us:

The Holy Father, in his commentary on this Gospel, says:
"I hope that each one of you will discover Jesus Christ's look and that you will experience it very deeply. I do not know at what time of your life. I believe that the moment will arrive when it is most needed, maybe when you are suffering, maybe during the testimony of a pure conscience as in the case of the youngster of the Gospel, or maybe precisely in an opposite situation: when you have a guilty feeling, with a remorseful conscience. Christ also looked towards Peter when he denied Him three times." (*To the young people of the world*, #46)

Act

When you reflected on the Scriptures and shared with others in your small group, did you feel inspired to respond in some way? A simple action should emerge. Following are some suggestions.

1) Can you identify something that troubles you? Look for a solution and allow others to help you.
2) Choose a young person who you know has a problem and try to help him or her out.
3) Study or talk with a knowledgeable person about risks that young people face (such as AIDS). Try to understand our theme and how young people can avoid such risks by following Christ.

If you wish, share with the group the action that you have decided upon.

Announcements and Reminders:

Everyone is requested to read the material for the next meeting so that you can all come prepared to listen and share.

Closing Song and Prayer

44

Enseñanza de la Iglesia:

Juan Pablo II en su comentario a este evangelio dice: "Deseo a cada uno y cada una de vosotros que descubráis esta mirada de Cristo y que la experimentéis hasta el fondo. No sé en qué momento de la vida. Pienso que el momento llegará cuando más falta haga; acaso en el sufrimiento, acaso también con el testimonio de una conciencia pura como en el caso del joven del Evangelio, o acaso precisamente en la situación opuesta: junto al sentimiento de culpa, con el remordimiento de conciencia. Cristo, de hecho, miró también a Pedro en la hora de su caída, cuando por tres veces había negado a su Maestro". (*A los jóvenes y a las jóvenes del mundo*, No. 46)

Actuar

Cuando reflexionaste sobre las Escrituras y compartiste con los demás, ¿tuviste alguna inspiración sobre cómo responder? De esta reflexión deberá surgir una acción sencilla. Los siguientes son meros ejemplos:

1) ¿Algo te preocupa? Reconócelo. Búscale solución y deja que los demás te ayuden.
2) Entre los jóvenes conocidos, selecciona a uno abrumado por muchos problemas y dale tu ayuda.
3) Habla con una persona preparada sobre uno de los riesgos que corren hoy los jóvenes (SIDA, drogas, etc.). Enfoca el tema e imagina cómo un joven puede evitar ese riesgo siguiendo a Cristo.

Si lo deseas, puedes compartir con el grupo la actividad que has decidido realizar.

Memorandos y avisos:

Se pide a todos leer el material de la próxima reunió de tal manera que vengan bien preparados para escuchar y compartir la fe.

Canto y oración final

Sin

Greetings

Opening Song and Prayer

Review of Last Week's Actions

Focus:

We all respond to the Lord's call. Some accept it and follow him; others just ignore him, or simply say "no" (either by words or actions). When other things (vices, customs, etc.) mean more than Jesus, that is a sin. The word "sin" means an action based on a lack of love that harms our neighbors.

See

Human Experience: Look at this drawing and take a few moments to talk about it.

What kind of behavior does not allow you to have good relationships and friends?
What attitudes and situations don't allow you to say "yes" to the Lord's call?

46

El pecado

Saludos

Canto y oración inicial

Repaso de las actividades de la semana

Enfoque:

Todos respondemos al Señor que nos llama. Con palabras o actitudes, unos le decimos sí y seguimos sus pasos, otros le decimos no y seguimos nuestros propios caminos. Todo lo que entra en nuestra vida (personas, cosas, costumbres, etc.) como más importante que Jesús, nos lleva al pecado. La palabra pecado significa una acción basada en la falta de amor, que hace daño al prójimo.

Ver

Experiencia humana: Observa este dibujo por un momento y lo comentas.

¿Cuál es la forma de actuar que daña tus amistades y buenas relaciones?
¿Cuáles son las actitudes o situaciones que bloquean tu respuesta positiva al llamamiento que Dios te hace?

47

Judge

Listening to the Word:

Look in your Bible for Luke 4:1-13. Read it as if it were a theater play: one person will be the narrator and the rest will take the parts of all of the characters in the reading. In groups of both sexes, if there is not a female character in the reading, a female member of the group should be the narrator.

Biblical Commentary:

The devil (whose name means "the accuser") takes advantage of the physical weakness of the young Jesus to tempt him when he is about to start his mission. He tries to make him doubt himself by saying: "IF you are the son of God…" He also does this regularly with young people, taking advantage of their youth and inexperience, their lack of internal security and fully formed personal identity.

We see this cynical manipulation of loneliness, the physical changes, the newborn identity, the lack of experience and personal doubts in Christ, just as they occur today in young people. This is done through corporal temptations (verses 3-4), temptation to selfishness or popularity (verses 6-7), and spiritual confusion (verse 10).

Likewise, today, evil takes advantage of the physical, emotional, and spiritual immaturity of young people to make them sin. They are sold drugs and pornography; they are saturated with materialism; some people even try to quote the Bible (like the devil did) to make youth abandon the true faith of their parents.

Like Christ, young people today have to flee from sin and pray, repent, have solidarity with the faith community, and search for maturity in a healthy way.

God Speaks to Us:

Repeat the Scripture in the same way, starting with the following prayer:

"We call upon you Lord, and we listen to you. Be our protector and liberator. Amen."

Sharing the Word:

What things control your life and do not allow you to respond positively to the Lord's call?

48

Juzgar

Escuchando la palabra de Dios:

Busquen en su Biblia el pasaje de Lucas 4,1-13. Lo leen como si fuera una obra de teatro. Uno toma el papel de narrador y los demás asumirán las partes de cada personaje de la lectura. En los grupos mixtos, si no hay papel femenino, una muchacha hace la parte de narradora.

Comentario bíblico:

Jesús, a punto de comenzar su misión, está físicamente débil por el ayuno de 40 días. El diablo (su nombre significa "acusador") se aprovecha de ese estado de debilidad para tentarlo. Quiere que dude de sí y le dice: "Si eres el hijo de Dios…". El diablo casi siempre hace lo mismo con los jóvenes y se aprovecha de su incipiente e inexperta identidad, de su poca seguridad interior y de su escasa experiencia personal.

Esta impúdica manipulación de la soledad y los cambios físicos, de la naciente identidad y las dudas personales, de la falta de experiencia la experimentó Cristo y la experimentan todos los jóvenes en forma de tentaciones corporales (versículos 3-4), de egoísmo y popularidad, (versículos 6-7) y de confusión espiritual (versículo 10).

El mundo en que vivimos utiliza la inmadurez física, emocional y espiritual de los jóvenes para inducirlos al pecado. Les vende droga, pornografía y cosas inútiles, los satura de materialismo e incluso, como el diablo, cita la Biblia con vistas a que abandonen la verdadera fe de sus padres.

Los jóvenes deben, como Cristo, huir del pecado y buscar sanamente su madurez en la oración, la penitencia y la solidaridad con la comunidad en la que viven su fe.

Dios nos habla:

Leamos nuevamente el texto de la lectura en forma dramatizada comenzando con esta oración:
"Te invocamos Señor y te escuchamos. Sé nuestro defensor y liberador. Amén".

Compartiendo la palabra:

¿Qué personas o cosas controlan tu vida y no te permiten responder positivamente a la llamada del Señor?
¿Qué puedes aprender de la manera con que el joven Jesús respondió a la tentación?

49

What can you learn from the way the young Jesus responded to temptation?

What changes should you make in your life to avoid sin?

The Church Tells Us:

The Bishops tell us in their letter *Youth, Church and Change*: "We offer, in synthesis, the social-political situation in which Latin-American young people live under current systems:

- It constitutes a very good market, becoming an important destination of a consumerist strategy (P. 1171, 32, 33).
- It is considered cheap labor that then is a temptation for exploitation (P. 37).
- A large number of young people have no access to education since they have to work from a young age in order to contribute to the family income (P. 47, 576).
- A good part of the social cost of the economic crisis falls upon young people (P. 50)."

Act

When you reflected on the Scriptures and shared with others in your small group, did you feel inspired to respond in some way? A simple action should emerge. Following are some suggestions.

1) Make a good examination of your conscience, and then make a good confession.
2) Talk with a trusted adult about the challenges that young people must face and how to meet them.
3) During the week, make a note of the frequency in which society (commerce, media, and government) offers young people different futile and dangerous things in comparison to the frequency in which they offer help. Share your conclusions with other young people.

If you wish, share with the group the action that you have decided upon.

Announcements and Reminders:

Everyone is requested to read the material for the next meeting so that you can all come prepared to listen and share.

Closing Song and Prayer

50

¿Qué cambios tendrías que hacer en tu vida para alejarte del pecado?

Enseñanza de la Iglesia:

Los Obispos, en su carta Juventud, Iglesia y Cambio, dicen: "Ofrecemos en síntesis la situación socio-política en la cual se mueve la juventud latinoamericana dentro de los sistemas vigentes:
- Constituye un buen mercado, convirtiéndosela en importante destinatario de una estrategia consumista (pg 1171; 32, 33).
- Es considerada como mano de obra barata, lo cual es una tentación para su explotación (pg 37).
- Gran número de jóvenes no tienen acceso a la educación, pues tienen que trabajar desde temprana edad, para contribuir al ingreso familiar (pg 47, 576).
- Recae en las masas juveniles buena parte del costo social de la crisis económica" (pg 50).

Actuar

Cuando reflexionaste sobre las Escrituras y compartiste con los demás, ¿tuviste alguna inspiración sobre cómo responder? De esta reflexión deberá surgir una acción sencilla. Los siguientes son meros ejemplos:
1) Examina bien tu conducta y haz una buena confesión
2) Habla con una persona mayor y de confianza, sobre los principales desafíos de la juventud y los modos de enfrentarlos.
3) La sociedad (comercio, medios de comunicación, gobiernos, etc.) ofrece a los jóvenes programas positivos y negativos. Anota durante la semana la frecuencia de los programas inútiles o dañinos y la frecuencia de los programas que realmente ayudan. Comparte tus conclusiones con otro joven.

Si lo deseas, puedes compartir con el grupo la actividad que has decidido realizar.

Memorandos y avisos:

Se pide a todos leer el material de la próxima reunión de tal manera que vengan bien preparados para escuchar y compartir la fe.

Canto y oración final

51

The Immense Love and Kindness of the Father

Greetings

Opening Song and Prayer

Review of Last Week's Actions

Focus:

Error and sin are, regretfully, parts of the lives of young people. However, Christ tells us that his Father's love and mercy are much bigger than sin. In the presence of this immense love and absolute forgiveness, we are filled with admiration, reverence, and happiness.

See

Human Experience: Look at this drawing and take a few moments to talk about it.

When have you experienced unconditional love? How did you feel?

52

El amor y la bondad del Padre son inmensos

Saludos

Canto y oración inicial

Repaso de las actividades de la semana

Enfoque:

Error y pecado son, por desgracia, partes de la vida juvenil. Esto no impidió que Cristo, con su vida, nos manifestara que el amor y la misericordia del Padre son más grandes que el error y el pecado. Conocer este amor inmenso y este perdón absoluto nos llena de admiración, respeto y alegría.

Ver

Experiencia humana: Observa este dibujo por un momento y lo comentas.

¿Cuándo experimentaste un amor sin límites? ¿Cómo te sentiste?

Judge

Listening to the Word:

Look in your Bible for Mark 10:13-16. Read it as if it were a theater play: one person will be the narrator and the rest will take the parts of all of the characters in the reading. In groups of both sexes, if there is not a female character in the reading, a female member of the group should be the narrator.

Biblical Commentary:

Children are trusting; they count on the kindness, affection, mercy, and support of adults. It is precisely this innocence and inability to deceive which attracts us to them and makes us talk to them tenderly. They approach Jesus innocently since they see him without the cynicism, shame or fear of adults.
Likewise, the young person who returns to Christ with repentance and without deception will also be received with open arms and taken into the Father's immense love.

God Speaks to Us:

Repeat the Scripture in the same way, starting with the following prayer:
"Holy Spirit, teach us to learn about the Father's love through Jesus, our eldest brother, who loves all of his sisters and brothers. Amen."

Sharing the Word:

What happens when the love of God is given to you as a gift through another person?
How has your life changed due to this immense love of God?
What can your small group do to help other young people come to love God?

Juzgar

Escuchando la palabra:

Busquen en su Biblia el pasaje de Marcos 10,13-16. Lo leen como si fuera una obra de teatro. Uno toma el papel de narrador y los demás asumirán las partes de cada personaje de la lectura. En los grupos mixtos, si no hay papel femenino, una muchacha hace la parte de narradora.

Comentario bíblico:

Porque los niños son ingenuos y sencillos, deben contar con las atenciones, la comprensión, el cariño y la ayuda de los adultos. Son su inocencia y la incapacidad de engañar las que hacen que los consintamos y les hablemos con ternura. Ellos se acercan inocentemente a Jesús porque en él no ven ni el cinismo ni la verguenza o los temores de los adultos. Por eso, todo joven que regrese a Cristo, arrepentido y sin engaños, será recibido siempre con los brazos abiertos y conducido al inmenso amor del Padre.

Dios nos habla:

Leamos nuevamente el texto bíblico en forma dramatizada, comenzando con esta oración:
"Espíritu Santo, haz que conozcamos el amor del Padre conociendo a Jesús, nuestro hermano mayor. Sabemos que él nos quiere a todos porque somos sus hermanos y hermanas. Amén".

Compartiendo la palabra:

¿Qué sucede cuando Dios te da su amor a través de otra persona?
¿De qué forma este inmenso amor de Dios ha cambiado tu vida?
¿Qué puede hacer tu grupo para que otros jóvenes experimenten el amor de Dios?

The Church Tells Us:

The Holy Father says:
"Before anything, I tell you that Jesus loves you! This is the most beautiful and consoling truth.
I wish that many people love you and I hope, deep in my heart, that they are happy in finding kindness, affection, and understanding in every one of you. But we also have to be realistic and always keep in mind the human situation as it is. Many times it can happen that we carry within ourselves feelings of emptiness, melancholy, sadness, or dissatisfaction. We may have everything we need, but we lack happiness! It is a terrible feeling to see around us so much suffering, misery, and violence.
Well, precisely in this drama of existence and human history, we can hear always the message from the Gospel: Jesus loves you." (*To the youngsters of the Roman parish of San Basilio*)

Act

When you reflected on the Scriptures and shared with others in your small group, did you feel inspired to respond in some way? A simple action should emerge. Following are some suggestions.

1) Thank those who have shown you true love.
2) Reflect on the love and forgiveness of God and give thanks for being shown how to do the same with your neighbors.
3) In any of your conversations with other young people, bring up the theme of God's love.

If you wish, share with the group the action that you have decided upon.

Announcements and Reminders:

Everyone is requested to read the material for the next meeting so that you can all come prepared to listen and share.

Closing Song and Prayer

56

Enseñanza de la Iglesia:

Juan Pablo II dice a los jóvenes:
"¡Ante todo, les digo que Jesús los ama! Esta es la verdad más hermosa y consoladora. Deseo que sean muchas las personas que los quieran bien y anhelo, de corazón, que cada uno de ustedes esté contento encontrando bondad, afecto y comprensión en todos y de parte de todos. Pero también debemos ser realistas y tener presente la situación humana, tal cual es. Muchas veces puede ocurrir que se tenga en el alma la sensación de vacío, melancolía, tristeza e insatisfacción. Talvez lo tenemos todo, pero nos ¡falta la alegría! Es realmente penoso ver en el mundo que nos rodea tanto sufrimiento, miseria y violencia.
Es sobre este drama de la existencia y de la historia humana que, precisamente, resuena perenne el mensaje del Evangelio: ¡Jesús los ama!" (*A los jóvenes de la parroquia romana de san Basilio*)

Actuar

Cuando reflexionaste sobre las Escrituras y compartiste con los demás, ¿tuviste alguna inspiración sobre cómo responder? De esta reflexión deberá surgir una acción sencilla. Los siguientes son meros ejemplos:

1) Dar gracias a quienes te han dado amor verdadero
2) Meditar en el amor y el perdón de Dios que Dios ha tenido contigo. Dar gracias a Dios por haberte enseñado a amar y perdonar a tus semejantes.
3) Tocar el tema del amor de Dios en toda conversación en un grupo de jóvenes.

Si lo deseas, puedes compartir con el grupo la actividad que has decidido realizar.

Memorandos y avisos:

Se pide a todos leer el material de la próxima reunión de tal manera que vengan bien preparados para escuchar y compartir la fe.

Canto y oración final

Decision

Greetings

Opening Song and Prayer

Review of Last Week's Actions

Focus:

As we mentioned in the second meeting, we all answer God's call: some ignore it or respond in a negative way. Or, with God's help, we follow it, giving ourselves to Christ, just as God responds to us. This requires a DECISION to make Jesus our best friend, whom we want to know better every day, to love more, and to follow always.

See

Human Experience: Look at this drawing and take a few moments to talk about it

Do you think that your daily decisions can distance you from God? Why?

58

Decisión

Saludos

Canto y oración inicial

Repaso de las actividades de la semana

Enfoque:

Decíamos en la segunda reunión que todos, de alguna manera, respondemos a la llamada de Dios: unos la ignoramos, o le damos la espalda; otros, con la ayuda de Dios, optamos por ella y la seguimos con nuestra entrega a Cristo. Es nuestro caso. Esto último comporta una decisión radical para que Jesús se convierta en nuestro mejor amigo, la persona a quien queremos conocer, amar y seguir cada día mejor.

Ver

Experiencia humana: Observa este dibujo por un momento y lo comentas.

¿Crees que las decisiones diarias pueden alejarte de Dios? ¿Por qué?

Judge

Listening to the Word:

Look in your Bible for Mark 6:17-29. Read it as if it were a theater play: one person will be the narrator and the rest will take the parts of all of the characters in the reading. In groups of both sexes, if there is not a female character in the reading, a female member of the group should be the narrator.

Biblical Commentary:

Imagine the opportunity to do good that young Salome had. She was given the freedom to decide what she wanted from the King. She could have asked for him and all the court to listen to God's Word, or many other fantastic things, but she decided to ask for the death of a just man.

Today, we have the opportunity to make many good decisions. For example, singers, movie stars, and athletes could inspire us to do good things. But, generally, they sell themselves to materialism and other vices and convey a negative message.

People who read this book might not have a worldwide influence, but they do have influence within their families, schools, clubs, sports team, friends, and in many other places.

Your decision to follow Christ might not be done at a party (or it might be!) but rather through a series of daily decisions that could be seen as insignificant. However, these small decisions throughout your life will lead you to Jesus or to sin. For Jesus you are just as important as a famous singer or the daughter of a king; he asks you to grow closer to him each day.

God Speaks to Us:

Repeat the Scripture in the same way, starting with the following prayer:
"Lord, you invite us all, but only a few decide to follow you. Help us commit ourselves to you. May each decision in our daily lives be done thinking of you. Amen."

60

Juzgar

Escuchando la palabra:

Busquen en su Biblia el pasaje de Marcos 6,17-29. Lo leen como si fuera una obra de teatro. Uno toma el papel de narrador y los demás asumirán las partes de cada personaje de la lectura. En los grupos mixtos, si no hay papel femenino, una muchacha hace la parte de narradora.

Comentario bíblico:

¿Se dan cuenta de la gran oportunidad que tuvo la joven Salomé de hacer el bien? El rey le ofrecía lo que ella quisiera. Hubiera podido pedir que él y sus cortesanos escucharan la palabra de Dios y quién sabe cuantas más cosas maravillosas, pero su decisión fue pedir la muerte de un hombre justo.
Las oportunidades que tenemos hoy de tomar decisiones provechosas, son abundantes. Muchas estrellas de la música, el cine y los deportes podrían optar por cosas grandiosas con vistas a mejorar la sociedad, pero casi siempre buscan dinero, fama y bienes materiales contaminando el mundo.
Es posible que los lectores de este libro no tengan mucha influencia a nivel mundial, pero la tienen en muchos y diversos ambientes: familias, escuelas, clubes, equipos deportivos, amigos, etc.
Seguir a Cristo no es una decisión que tomas de improviso en una fiesta o baile. Es una decisión que florece y fructifica en las incontables pequeñas y al parecer triviales decisiones de cada día. Son estas pequeñas decisiones las que te llevan a Cristo o te arrastran al pecado. Para Cristo vales tanto como un cantante de fama o como la hija de un hombre muy importante. Su deseo es que vivas muy cerca de su corazón.

Dios nos habla:

Leamos nuevamente el texto bíblico en forma dramatizada, comenzando con esta oración:
"Señor Jesús, tu invitación es para todos, pero somos pocos los que decidimos seguirte. Refuerza nuestro compromiso contigo para que cada decisión que tomemos en el día, sea una muestra de tu gran amor. Amén".

Sharing the Word:

Has someone made fun of you because of your commitment to the Church or youth group? How did you feel?
Whom can you influence with your decisions?
What can you change in order to make your daily decisions lead you to Christ?

The Church Tells Us:

The Holy Father says:
"First of all, it is necessary to abandon our worldly and pagan mentality. Afterwards, it is necessary to accept all of Christ's Message and to live according to His example…" (*Message to Young People in the Sanctuary of Saint John the Baptist*)

Act

When you reflected on the Scriptures and shared with others in your small group, did you feel inspired to respond in some way? A simple action should emerge. Following are some suggestions.

1) Talk with your best friend about how you can support each other in your decision to follow Christ.
2) Spend the week reflecting on the messages received through your favorite singers, movie stars, or athletes to see if they have a Christian meaning.
3) If before now you have not attended Mass, your decision could be to do so from now on.

If you wish, share with the group the action that you have decided upon.

Announcements and Reminders:

Everyone is requested to read the material for the next meeting so that you can all come prepared to listen and share.

Closing Song and Prayer

62

Compartiendo la palabra:

¿Alguna vez, alguien se burló de ti y de tus compromisos con la Iglesia o el grupo? ¿Cómo te sentiste?
¿A quién podrías influenciar con tus decisiones?
¿Con qué cambios personales podrías mostrarte a ti mismo que tus decisiones diarias te acercan más a Cristo?

Enseñanza de la Iglesia:

Juan Pablo II habla a los jóvenes:
"Es necesario, ante todo, abandonar la mentalidad mundana y pagana… Después, es necesario cambiar la mentalidad a la de Cristo… Finalmente, es necesario aceptar todo el mensaje de Cristo, sin reducciones de comodidad y vivir según su ejemplo". (*Mensaje a los jóvenes en el santuario de san Juan Bautista*)

Actuar

Cuando reflexionaste sobre las Escrituras y compartiste con los demás, ¿tuviste alguna inspiración sobre cómo responder? De esta reflexión deberá surgir una actividad sencilla. Los siguientes son meros ejemplos:

1) Habla con tu mejor amigo y busca con él medios prácticos que apoyen su decisión de seguir a Cristo.
2) Reflexiona durante la semana en los mensajes que difunden tus estrellas de la canción, el cine y los deportes. ¿Son mensajes cristianos?
3) Si no es tu costumbre ir a la misa, podrías decidir hacerlo de ahora en adelante.

Si lo deseas, puedes compartir con el grupo la actividad que has decidido realizar.

Memorandos y avisos:

Se pide a todos leer el material de la próxima reunión de tal manera que vengan bien preparados para escuchar y compartir la fe.

Canto y oración final

63

Consciousness of the Presence of God

Greetings

Opening Song and Prayer

Review of Last Week's Actions

Focus:

To choose Jesus as the Lord and center of our lives is just like being born again or starting to live our baptism. We grow in this decision when we are conscious of God's presence in nature, our loved ones, prayer, and most of all, in the Scriptures and sacraments.

See

Human Experience: Look at this drawing and take a few moments to talk about it.

What has been your experience of God?
How have different ways of perceiving God influenced you?

64

Conciencia de la presencia de Dios

Saludos

Canto y oración inicial

Repaso de las actividades de la semana

Enfoque:

Elegir a Jesús como Señor y centro de nuestras vidas es como un nuevo nacimiento, es poner en acto nuestro bautismo. Esta decisión crece en nosotros cuando nos damos cuenta de que Dios vive en la naturaleza, en nuestros seres queridos, en la oración y, sobre todo, en la Biblia y los sacramentos.

Ver

Experiencia humana: Observa este dibujo por un momento y lo comentas.

¿Cuál ha sido tu experiencia de Dios?
¿De qué modo, tus diferentes maneras de experimentar a Dios han influido en ti?

65

Judge

Listening to the Word:

Look in your Bible for Matthew 19:13-15. Read it as if it were a theater play: one person will be the narrator and the rest will take the parts of all of the characters in the reading. In groups of both sexes, if there is not a female character in the reading, a female member of the group should be the narrator.

Biblical Commentary:

A young person used eyeglasses for the first time and said: "Jeez! Is the world like this? I was so used to not seeing well, I thought the world was a confusing and dark place."
The same thing happens in our lives when we become conscious of God's presence. We see the world full of God's light and splendor. This is why Jesus reveals himself to small children, simple and innocent hearted people.
Materialism blinds us, drugs confuse us, and we are often disturbed by impure actions as we try to be "a real man" or "a fashionable woman." In the eyes of the world, we seem smart and popular, but we contaminate our sight and lack the simplicity to really get to know Christ. It's time to look for God with faith, to become more conscious of God's presence.

God Speaks to Us:

Repeat the Scripture in the same way, starting with the following prayer:
"Renew us, Lord, so that we can renew the face of the earth. Amen."

Sharing the Word:

How do you experience a clear vision of God's presence?
Do you know a saint who can teach you by her or his example how to fight against sin and follow Christ?
What can you do to appreciate and feel more strongly the presence of God around you? Be specific.

66

Juzgar

Escuchando la palabra de Dios:

Busquen en su Biblia el pasaje de Mateo 19,13-15. Lo leen como si fuera una obra de teatro. Uno toma el papel de narrador y los demás asumirán las partes de cada personaje de la lectura. En los grupos mixtos, si no hay papel femenino, una muchacha hace la parte de narradora.

Comentario bíblico:

A un joven que sufría de la vista y nunca había usado gafas, le recetaron anteojos. Cuando se los puso, exclamó: "¡Dios! ¿Es así el mundo? Me había acostumbrado tanto a ver mal, que pensaba que el mundo era confuso y oscuro".
Esta es nuestra experiencia de todos los días. Cuando tomamos conciencia de la presencia de Dios, vemos el mundo lleno de su luz y esplendor. Por eso, los niños, los sencillos y los de corazón inocente ven a Jesús. El se les revela con facilidad.
Muchas cosas enturbian, confunden y perturban nuestra visión de Dios: materialismo, droga, acciones impuras tras las que vamos con la excusa de ser "verdaderos hombres" o "mujeres a la moda". Ante el mundo, somos listos y populares pero, ante Dios, nuestra vista ha quedado contaminada y ha perdido sencillez. Ya no ve bien. ¡Este es el momento propicio para buscar a Dios con fe y darnos cuenta de su presencia!

Dios nos habla:

Leamos nuevamente el texto bíblico en forma dramatizada, comenzando con esta oración:
"Envíanos tu Espíritu, Señor, y renovaremos la faz de la tierra. Amén".

Compartiendo la palabra:

¿Qué estás haciendo para ver con más claridad la presencia del Señor?
Los santos siempre lucharon contra el pecado para seguir a Cristo. ¿Hay, en particular, alguno que te enseñe cómo?

67

The Church Tells Us:

The Bishops and the Holy Father say:
"Children, as living members of the family, contribute in their own way to the sanctification of their parents. With sentiments of gratitude, affection and trust, they make their parents participants in that spiritual richness." (*Pastoral Constitution on the Church in the Modern World,* #48)

Act

When you reflected on the Scriptures and shared with others in your small group, did you feel inspired to respond in some way? A simple action should emerge. Following are some suggestions.

1. Devote some time every day to prayer.
2. Talk with a person who is devoted to Jesus about the way he or she perceives God.
3. Through a good deed, demonstrate to another person the presence of Christ in your life.

If you wish, share with the group the action that you have decided upon.

Announcements and Reminders:

Everyone is requested to read the material for the next meeting so that you can all come prepared to listen and share.

Closing Song and Prayer

Apreciar y experimentar la presencia de Cristo en el ambiente, exige práctica. ¿Qué cosas concretas puedes hacer tú?

Enseñanza de la Iglesia:

Los obispos reunidos en el Concilio Vaticano II dicen: "Los hijos como miembros de la familia contribuyen, a su manera, a la santificación de sus padres por medio del agradecimiento, la piedad filial y la confianza y los hacen partícipes de su riqueza espiritual". (*Constitución pastoral sobre la Iglesia en el mundo*, No. 48)

Actuar

Cuando reflexionaste sobre las Escrituras y compartiste con los demás, ¿tuviste alguna inspiración sobre cómo responder? De esta reflexión deberá surgir una acción sencilla. Los siguientes son meros ejemplos:

1) Todos los días, dedica tiempo a la oración
2) Conversa con alguna persona consagrada a Jesús, acerca de cómo ella ve a Dios
3) Cuéntale a un joven la experiencia de alguna buena obra que hayas hecho como fruto de la presencia de Cristo en tu vida.

Si lo deseas, puedes compartir con el grupo la actividad que has decidido realizar.

Memorandos y avisos:

Se pide a todos leer el material de la próxima reunión de tal manera que vengan bien preparados para escuchar y compartir la fe.

Canto y oración final

Conversion Is a Continuous Process

Greetings

Opening Song and Prayer

Review of Last Week's Actions

Focus:

Conversion means to make a change of life, to make a decision that will be manifested in actions, such as being less selfish and more devoted to Christ. It is a continuous, daily, and permanent process of living in the power of the Holy Spirit, searching for an intimate relationship with God.

See

Human Experience: Look at this drawing and take a few moments to talk about it.

On what occasions have you not lived your commitment to the Lord?

Proceso continuo de conversión

Saludo

Repaso de las actividades de la semana

Canto y oración

Enfoque:

Convertirse es realizar un cambio de vida, tomar una decisión que luego se manifiesta en acciones concretas. ¿Ejemplos? Ser menos egoístas y más comprometidos con Cristo. Convertirse es un proceso espiritual diario y permanente, con vistas a una vida de mayor intimidad con Dios, guiados por el Espíritu Santo.

Ver

Experiencia humana: Observa este dibujo por un momento y lo comentas.

¿En qué ocasiones has dejado a un lado tu compromiso con Dios?

71

Judge

Listening to the Word:

Look in your Bible for Luke 1:39-56. Read it as if it were a theater play: one person will be the narrator and the rest will take the parts of all of the characters in the reading. In groups of both sexes, if there is not a female character in the reading, a female member of the group should be the narrator.

Biblical Commentary:

When the Virgin Mary was chosen to be the Mother of Christ, she was about fifteen years old. In spite of being so young, we see in her life a continuous process of difficult changes in order to respond to the Lord. She risked divorce and accepted being a single mother (Matthew 1:18-25). She abandoned her country to save her son (Matthew 2:13-18). She suffered confusion and shame (Mark 3:31-35; Luke 2:36-50 and 11:27-28; John 2:4-5). At the end, she was alone and sorrowful (John 19:25-30). In this passage, just like the one on Pentecost (Acts of the Apostles 1:14 and 2:1-4), we see how daily fidelity to the Lord's call made her blessed. There is no better example of total devotion to the Lord than that shown by this young girl.

God Speaks to Us:

Repeat the Scripture in the same way, starting with the following prayer:
"Hail Mary, full of grace; the Lord is with thee..."

Sharing the Word:

How does the Virgin Mary inspire you to accept the call to change your life and follow Christ?
How have your small group meetings helped you to follow Christ?
What do you think you can do each day to stay faithful to your conversion process?

Juzgar

Escuchando la palabra:

Busquen en su Biblia el pasaje de Lucas 1,39-56. Lo leen como si fuera una obra de teatro. Uno toma el papel de narrador y los demás asumirán las partes de cada personaje de la lectura. En los grupos mixtos, si no hay papel femenino, una muchacha hace la parte de narradora.

Comentario bíblico:

Cuando la Virgen María fue elegida Madre de Jesús, tenía unos quince años de edad. A pesar de ser muy joven, su vida refleja un proceso no interrumpido de cambios bruscos para responder al Señor. Se arriesgó al divorcio, aceptó ser madre soltera (Mt 1,18-25), abandonó su país para proteger a su hijo (Mt 2,13-18), sufrió confusión y verguenza (Mc 3,31-35; Lc 2,36-50; 11,27-28; Jn 2,4-5). Al final se quedó sola y deshecha (Jn 19,25-30). Pero su fidelidad diaria a la llamada del Señor, como la refiere este pasaje y el que se refiere a Pentecostés (Hch 1,14; 2,1-4), le trajo todas las bendiciones de Dios. María es el más grande ejemplo de consagración a Dios de un joven.

Dios nos habla:

Leamos nuevamente el texto bíblico en forma dramatizada, comenzando con esta oración:
"Dios te salve María, llena eres de gracia, el Señor es contigo".

Compartiendo la palabra:

¿De qué forma la Virgen María te inspira a aceptar cambiar algunas cosas en tu vida para seguir mejor a Cristo?
¿Te han ayudado a lograrlo las reuniones del pequeño grupo? ¿Poco? ¿Mucho?
¿Qué puedes hacer diariamente para mantener vivo tu proceso de conversión?

The Church Tells Us:

The Holy Father says:
"That is why I tell each one of you: Listen to Jesus' call when He says: 'follow me.' Walk beside my footprints! Come to my side! Remain in my love! It is an option that you choose: the option for Christ and for his way of life, for his commandment is love!" (*Meeting with young people in Boston, USA*)

Act

When you reflected on the Scriptures and shared with others in your small group, did you feel inspired to respond in some way? A simple action should emerge. Following are some suggestions.

1) Evaluate your small group meetings. How can you improve them?
2) Under "Judge," there is a list of biblical selections that refer to the Virgin Mary. Read one a day and meditate on it.
3) Every night, start making an examination of conscience, sincerely repenting for what you have done against your commitment to Christ, and thanking him for the times you have been faithful.

If you wish, share with the group the action that you have decided upon.

Announcements and Reminders:

Everyone is requested to read the material for the next meeting so that you can all come prepared to listen and share.

Closing Song and Prayer

74

Enseñanza de la Iglesia:

El Papa Juan Pablo II dice:
"Por eso, les digo a cada uno de ustedes: escuchen la llamada de Cristo cuando sienten que les dice: "síganme". Caminen sobre mis pasos. ¡Vengan a mi lado! ¡Permanezcan en mi amor! Es una opción que se escoge: ¡La opción por Cristo y por su modelo de vida, por su mandamiento de amor!" (*Charla con los jóvenes en Boston, USA*)

Actuar

Cuando reflexionaste sobre las Escrituras y compartiste con los demás, ¿tuviste alguna inspiración sobre cómo responder? De esta reflexión deberá surgir una acción sencilla. Los siguientes son meros ejemplos:

1) Evalúen las reuniones de su pequeño grupo y cómo se pueden mejorar
2) Arriba, en Juzgar, hay varias citas bíblicas sobre la Virgen. Lees y meditas una diariamente.
3) Empieza a hacer todas las noches un examen de conciencia. Te arrepientes de corazón de lo hecho contra de tus compromisos con Cristo. Le das gracias a Jesús por las veces que fuiste fiel a tus compromisos.

Si lo deseas, puedes compartir con el grupo la actividad que has decidido realizar.

Memorandos y avisos:

Se pide a todos leer el material de la próxima reunión de tal modo que vengan bien preparados para escuchar y compartir la fe.

Canto y oración final

The Power of the Spirit in Young Pleople

La fuerza del Espíritu en los jóvenes

The Role of the Holy Spirit

Greetings

Opening Song and Prayer

Focus:

All people have been created with the same human dignity. As a result of our response to Jesus, the Holy Spirit has been given to us as a defender. The Spirit will renew us and teach us to develop good personal relations and to establish a peaceful and harmonious society that will reveal God's Kingdom among us.

See

Human Experience: Look at this drawing and take a few moments to talk about it.

In general, how is your attitude toward others?
Talk about an experience when you helped another person.

Papel del Espíritu Santo

Saludos

Canto y oración inicial

Repaso de las actividades de la semana

Enfoque:

Dios nos creó a todos con igual dignidad humana. A los bautizados nos dio la dignidad cristiana. Nuestra respuesta amorosa a Jesús hará descender sobre nosotros la abundancia de su espíritu, cuya tarea es defendernos y santificarnos. Es la acción santificadora del Espíritu Santo la que renueva nuestras vidas y nos da las habilidades para entablar positivas relaciones humanas con vistas a crear una sociedad donde la paz y la armonía sean expresión del reino de Dios.

Ver

Experiencia humana: Observa este dibujo por un momento y lo comentas.

En general, ¿cuál es tu actitud para con los otros? Cuenta al grupo una de tus experiencias de ayuda a otras personas.

79

Judge

Listening to the Word:

Look in your Bible for Luke 1: 26-38. Read it as if it were a theater play: one person will be the narrator and the rest will take the parts of all of the characters in the reading. In groups of both sexes, if there is not a female character in the reading, a female member of the group should be the narrator.

Biblical Commentary:

The pregnancy of Mary of Nazareth is mysterious. It is unique in the history of all humankind. Standing in the shadow of her "yes," we feel wonder and respect.

However, the situation of a young pregnant girl today is the same; she also feels fear and uncertainty. Joseph thought about abandoning Mary, but he understood the mystery that was occurring in her life. Her cooperation with the Holy Spirit made her holy. In the same way, communication with the Holy Spirit today will make any young woman or man holy.

God Speaks to Us:

Repeat the Scripture in the same way, starting with the following prayer:

"Almighty and eternal God, we ask that your grace will light the flame of our love toward those who are reduced by poverty and misery to a condition unworthy of their human dignity. We ask this in the name of your Son, Jesus Christ. Amen."

Sharing the Word:

Explain how you feel the Holy Spirit's presence in your life. When do you feel the Holy Spirit inspiring your actions? What events in our society either reject or accept the presence of the Holy Spirit?

Juzgar

Escuchando la palabra de Dios:

Busquen en su Biblia el pasaje de Lucas 1,26-38. Lo leen como si fuera una obra de teatro. Uno toma el papel de narrador y los demás tomarán las partes de cada personaje de la lectura. En los grupos mixtos, si no hay papel femenino, una muchacha hará la parte de narradora.

Comentario bíblico:

El embarazo de María de Nazaret es misterioso. La unión es única en la historia del género humano. Ante su "sí", sentimos asombro y respeto. María, como cualquier joven encinta de hoy, vivió el miedo y la incertidumbre de su embarazo. José, que pensaba dejarla, no lo hizo porque se dio cuenta del misterio que la rodeaba.
El Espíritu Santo que santificó a María de Nazaret por su total cooperación, santificará también a todo muchacho o muchacha que se abra a su acción.

Dios nos habla:

Leamos nuevamente el texto bíblico en forma dramatizada comenzando con esta oración:
"Padre bueno y misericordioso, que tu gracia nos encienda en amor hacia quienes la pobreza y la miseria han reducido a condiciones indignas de seres humanos. Por Jesucristo Nuestro Señor. Amén".

Compartiendo la palabra:

Explica cómo sientes la acción del Espíritu Santo en tu vida.
¿En qué ocasiones actúas impulsado por el Espíritu Santo que vive en ti?
¿Qué hechos de nuestra sociedad rechazan o aceptan la presencia del Espíritu Santo?

The Church Tells Us:

"The followers of Christ should always be careful not to fall into a tragic separation between their faith and their daily lives. They are not permitted to fail in their obligations, nor to abandon themselves to temporal matters only as if these were completely separate from the religious life..." (Episcopal letter from the Bishops of the United States, *Economic Justice for All, #4*)

Act

When you reflected on the Scriptures and shared with others in your small group, did you feel inspired to respond in some way? A simple action should emerge. Following are some suggestions.

1) Take ten minutes a day during this week to open yourself to the presence of the Holy Spirit in your life.
2) Share with someone you know a personal experience in which you have felt the presence of the Holy Spirit.
3) Reconcile yourself with a member of your family, neighborhood or society.

If you wish, share with the group the action that you have decided upon.

Announcements and Reminders:

Everyone is requested to read the material for the next meeting so that you can all come prepared to listen and share.

Closing Song and Prayer

Enseñanza de la Iglesia:

"Los seguidores de Cristo deben cuidarse de no caer en una trágica separación entre la fe y la vida cotidiana. No les es permitido faltar a las obligaciones, ni tampoco entregarse a los asuntos temporales, como si estos fuesen ajenos del todo a la vida religiosa…". (*De la Carta pastoral Justicia Económica para todos*, No. 4)

Actuar

Cuando reflexionaste sobre las Escrituras y compartiste con los demás, ¿tuviste alguna inspiración sobre cómo responder? De esta reflexión deberá surgir una acción sencilla. Los siguientes son meros ejemplos:

1) Durante la semana, toma diez minutos diarios para abrirte a la presencia del Espíritu Santo.
2) Comparte con alguien una experiencia en que hayas sentido la presencia del Espíritu Santo.
3) Reconcíliate con alguna persona de tu familia, vecindario o sociedad.

Si lo deseas, puedes compartir con el grupo la actividad que has decidido realizar.

Memorandos y avisos:

Se pide a todos leer el material de la próxima reunión de tal manera que vengan bien preparados para escuchar y compartir la fe.

Canto y oración final

The Power of the Holy Spirit

Greetings

Opening Song and Prayer

Review of Last Week's Actions

Focus:

Through the Holy Spirit, our answer to Jesus Christ is fulfilled. We are capable of following Christ and continuing his work. Just as the Holy Spirit guided the life of Christ, we are guided to manifest the Spirit through different good deeds during our daily lives.

See

Human Experience: Look at this drawing and take a few moments to talk about it.

Can you remember any time in your life when you have felt really discouraged? What were the causes? Explain your experience.

El poder del Espíritu Santo

Saludos

Canto y oración inicial

Repaso de las actividades de la semana

Enfoque:

El Espíritu Santo lleva a su plenitud nuestra respuesta a Jesús. Estamos, pues, capacitados para seguir a Cristo y llevar a cabo la empresa que él comenzó en nosotros. Como lo hizo en otros tiempos con Jesús, el Espíritu Santo interviene hoy en nuestra vida diaria haciendo que nuestras capacidades produzcan buenos frutos.

Ver

Experiencia humana: Observa este dibujo por un momento y lo comentas.

¿Te sentiste, alguna vez, "muy decaído"? ¿Cuándo? ¿Cuáles fueron las causas? Cuenta tu experiencia.

85

Judge

Listening to the Word:

Look in your Bible for Acts of the Apostles 4:1-22. Read it as if it were a theater play: one person will be the narrator and the rest will take the parts of all of the characters in the reading. In groups of both sexes, if there is not a female character in the reading, a female member of the group should be the narrator.

Biblical Commentary:

This reading presents a scene divided into three parts:
1) The arrest of Peter and John due to the speech they gave after healing a lame man.
2) The questioning before the Sanhedrin.
3) The innocence and freedom of the two apostles.

The apostles, in the name of Christ and with the power of the Holy Spirit, cure the lame man and with valor announce the Good News. Remember that Saint John was very young. In the same way, we young people are called to change the situations that oppress human beings. We are made strong through the power of the Holy Spirit who continues saving all believers.

God Speaks to Us:

Repeat the Scripture in the same way, starting with the following prayer:
"Upright is your Word, O Lord; all the works of your hands are right. Help us to open our hearts to the Holy Spirit who will make us honest and faithful. Amen."

Sharing the Word:

What does the reading say about the power of the Holy Spirit?
With whom do you identify in this reading?
How are people who announce and live the Good News judged by today's society?

Juzgar

Escuchando la palabra de Dios:

Busquen en su Biblia el pasaje de Hechos 4,1-22. Lo leen como si fuera una obra de teatro. Uno toma el papel de narrador y los demás tomarán las partes de cada personaje de la lectura. En los grupos mixtos, si no hay papel femenino, una muchacha hará la parte de narradora.

Comentario bíblico:

La lectura bíblica presenta una escena en tres momentos:

1) El arresto de Pedro y Juan con motivo del discurso que pronunciaban después de la curación del paralítico.
2) El interrogatorio delante del sanedrín.
3) La inocencia y libertad de los dos apóstoles.

En nombre de Jesús y con el poder del Espíritu Santo, los apóstoles curan al paralítico, y con valentía, anuncian la buena nueva. Al igual que Juan, el más joven de los apóstoles, e impulsados por el Espíritu, que continúa actuando la salvación de los creyentes, los jóvenes estamos llamados a cambiar las condiciones opresoras de nuestros hermanos.

Dios nos habla:

Leamos nuevamente el texto bíblico en forma dramatizada, comenzando con esta oración:
"Señor, verdadera es tu Palabra y buenas las obras de tus manos. Abre nuestros corazones al Espíritu Santo, que nos hará rectos y amables. Amén".

Compartiendo la palabra:

¿Qué te dice la lectura sobre el poder del Espíritu Santo?
¿Con quién te identificas en la escena?
¿Cómo juzga la sociedad a los que anuncian la Buena Nueva y practican la Caridad?

87

The Church Tells Us:

"Men who are sterile in fruits of justice and drowned between thorns, if they diligently look after themselves and receive the Word of God as a kind of graft, they will recover their original human nature, made in the image and likeness of God." (Saint Irenaeus of Lyons, *Against Heresies*)

Act

When you reflected on the Scriptures and shared with others in your small group, did you feel inspired to respond in some way? A simple action should emerge. Following are some suggestions.

1) Acknowledge one of your weaknesses and look for a solution to it by allowing the Holy Spirit and others to help you.
2) Commit yourself to your group and participate it its activities.
3) Say a prayer asking God to make you ready to act in specific circumstances in your life, as requested by the Holy Spirit.

If you wish, share with the group the action that you have decided upon.

Announcements and Reminders:

Everyone is requested to read the material for the next meeting so that you can all come prepared to listen and share.

Closing Song and Prayer

88

Enseñanza de la Iglesia:

"Los hombres estériles en frutos de justicia y como ahogados entre espinos, si se cuidan diligentemente y reciben a modo de injerto la Palabra de Dios, recobran la naturaleza original del hombre, hecha a imagen y semejanza de Dios". (San Ireneo de Lyon, *Contra las herejías*)

Actuar

Cuando reflexionaste sobre las Escrituras y compartiste con los demás, ¿tuviste alguna inspiración sobre cómo responder? De esta reflexión deberá surgir una acción sencilla. Los siguientes son meros ejemplos:

1) Selecciona una de tus debilidades, reconócela y, con la ayuda del Espíritu Santo y de los demás, soluciona tu caso.
2) Asume alguno de los compromisos en tu grupo y participa en sus actividades.
3) Haz una oración pidiendo disponibilidad para actuar según el Espíritu Santo, en una circunstancia especial de tu vida.

Si lo deseas, comparte con el grupo la actividad que has decidido realizar.

Memorandos y avisos:

Se pide a todos leer el material de la próxima reunión de tal manera que vengan bien preparados para escuchar y compartir la fe.

Canto y oración final

Our Mission

Greetings

Opening Song and Prayer

Review of Last Week's Actions

Focus:

The Holy Spirit brings maturity and Christian responsibilities to us. Through the Holy Spirit, we share Jesus' mission of taking the Good News to our families, schools, sports teams, recreation centers, clubs, and all of society. Our responsibility is to change the face of the earth and everything that oppresses the human spirit.

See

Human Experience: Look at this drawing and take a few moments to talk about it:

What realities of our society need to be changed?
How can parents and youth promote mutual self-respect and understanding?

90

Nuestra misión

Saludos

Canto y oración inicial

Repaso de las actividades de la semana

Enfoque:

El Espíritu Santo nos trae completa madurez y responsabilidad cristiana. Mediante el Espíritu compartimos la misión de Jesús de llevar la buena nueva a nuestras familias, escuelas, equipos deportivos, centros de recreo, clubes, en fin a toda la sociedad. Nuestra responsabilidad es la de transformar la faz de la tierra y cambiar lo que apague el espíritu humano.

Ver

Experiencia humana: Observa este dibujo por un momento y luego lo comentas.

¿Qué realidades de nuestra sociedad están pidiendo cambio? ¿Cómo pueden padres e hijos promover mutuo respeto y comprensión?

91

Judge

Listening to the Word:

Look in your Bible for Acts of the Apostles 13:2-5. Read it as if it were a theater play: one person will be the narrator and the rest will take the parts of all of the characters in the reading. In groups of both sexes, if there is not a female character in the reading, a female member of the group should be the narrator.

Biblical Commentary:

In the New Testament, whenever an individual has a mission it is always approved by the people of God (the Church). That is the case of Paul and Barnabas when they started their work. Being part of this small group in the Church today is an opportunity to acquire values that will allow us to collaborate with the Holy Spirit in changing our world.

God Speaks to Us:

Repeat the Scripture in the same way, starting with the following prayer:
"Give us a real conversion that will allow us to carry out our mission of proclaiming your justice and love. We ask this through our Lord Jesus Christ. Amen."

Sharing the Word:

What does this reading invite you to do?
Do you believe that we feel the presence of the Holy Spirit in prayer and in our group sharing? Please explain.
Do you think our society is submissive to the Holy Spirit? Please explain.

The Church Tells Us:

"Many young people have responded wholeheartedly to the invitation of Pius XII for a missionary laity... No one is permitted to disregard the plight of their brothers enmeshed in misery, oppressed by ignorance, and victimized by insecurity. Like the

Juzgar

Escuchando la palabra de Dios:

Busquen en su Biblia el pasaje de Hechos 13,2-5. Lo leen como si fuera una obra de teatro. Uno toma el papel de narrador y los demás tomarán las partes de cada personaje de la lectura. En los grupos mixtos, si no hay papel femenino, una muchacha hará la parte de narradora.

Comentario bíblico:

El Nuevo Testamento al presentar casos de individuos y su misión, subraya la aprobación del pueblo de Dios (la Iglesia). Es el caso de los jóvenes Pablo y Bernabé antes de iniciar su trabajo misionero. El hecho de pertenecer a la Iglesia haciendo parte de un pequeño grupo, es, obviamente, una oportunidad muy clara de formación en los valores que necesitamos para colaborar con el Espíritu Santo en los cambios que el mundo reclama.

Dios nos habla:

Leamos nuevamente el texto bíblico en forma dramatizada, comenzando con esta oración:
"Padre santo, danos la conversión que necesitamos para cumplir nuestra misión de proclamar justicia y amor en el mundo. Por Cristo Nuestro Señor. Amén".

Compartiendo la palabra:

¿A qué te invita la lectura?
¿Sientes que en la oración y la comunicación de fe del grupo es palpable la presencia del Espíritu Santo? Explica tus razones.
¿Consideras que nuestra sociedad es dócil al Espíritu Santo? Explica tus motivos.

Enseñanza de la Iglesia:

"Muchos jóvenes han respondido ya con ardor y entrega a la llamada de sus hermanos que todavía yacen en la miseria,

heart of Christ, the heart of the Christian should feel compassion for so much misery: 'I have compassion on the crowd.'"
(Populorum Progressio, #74)

Act

When you reflected on the Scriptures and shared with others in your small group, did you feel inspired to respond in some way? A simple action should emerge. Following are some suggestions.

1) Asking for the help of the Holy Spirit, do a good deed.
2) Say a prayer for the sick in your community.
3) Invite another young person to participate in your small group.

If you wish, share with the group the action that you have decided upon.

Announcements and Reminders:

Everyone is requested to read the material for the next meeting so that you can all come prepared to listen and share.

Closing Song and Prayer

presa de la ignorancia, víctimas de inseguridad. Como el corazón de Cristo, el corazón del cristiano debe sentir compasión de tanta miseria." (*Populorum Progressio,* No. 74)

Actuar

Cuando reflexionaste sobre las Escrituras y compartiste con los demás, ¿tuviste alguna inspiración sobre cómo responder? De esta reflexión deberá surgir una acción sencilla. Los siguientes son meros ejemplos:

1) Pidiendo la ayuda del Espíritu Santo, realiza una obra buena
2) Haz una oración por los enfermos de la comunidad
3) Invita a un joven a participar en tu pequeño grupo

Si lo deseas, comparte con el grupo la actividad que has decidido realizar.

Memorandos y avisos:

Se pide a todos leer el material de la próxima reunión de tal manera que vengan bien preparados para escuchar y compartir la fe.

Canto y oración final

The Need for Justice

Greetings

Opening Song and Prayer

Review of Last Week's Actions

Focus:

The meaning of the word "mission" is best understood when we reflect on our experiences of unjustly treating other people. With the Holy Spirit, this reflection will help us understand the injustices that we have experienced, and also the injustices others suffer.

See

Human Experience: Look at this drawing and take a few moments to talk about it.

Have you ever treated other people unjustly? How did you feel afterwards?

When have you felt that you have been treated unjustly? How did you react?

Necesidad de justicia

Saludos

Cantos y oración inicial

Repaso de las actividades de la semana

Enfoque:

Entendemos mejor lo que es misión cuando evaluamos la experiencia de haber tratado sin justicia a los demás. Iluminada por el Espíritu Santo, esta reflexión nos capacita para evaluar mejor las injusticias que experimentamos y otros también experimentan.

Ver

Experiencia humana: Observa este dibujo por un momento y lo comentas.

¿Trataste alguna vez injustamente a alguien? ¿Cómo te sentiste?
¿Cuándo te has sentido tratado injustamente? ¿Cómo reaccionaste?

Judge

Listening to the Word:

Look in your Bible for Acts of the Apostles 7:52-57, 8:3. Read it as if it were a theater play: one person will be the narrator and the rest will take the parts of all of the characters in the reading. In groups of both sexes, if there is not a female character in the reading, a female member of the group should be the narrator.

Biblical Commentary:

Two young people are presented to us: Stephen, who was always good, and Saul, who was bad, but who, after his dramatic conversion, was known as Saint Paul. Stephen was a victim of injustice, Saul an instrument of it.

Even though we don't stone young people to death today, we do kill their souls with drugs, alcohol, prostitution, pornography, consumerism, etc. In the same way as these two biblical young people, today's youth must either denounce these injustices and suffer with Jesus or cooperate with those who oppress us. The decision is ours.

Today, unjust situations are still present, and anyone who denounces and opposes them is seen negatively. They are persecuted and are exposed to the same fate as Jesus, Stephen, and others who have died because of injustice.

God Speaks to Us:

Repeat the Scripture in the same way, starting with the following prayer:

"Give us, O Just King, your justice and fairness so that they rule your people. We ask this in the name of Jesus Christ, our Lord. Amen."

Sharing the Word:

What injustices do we find in this scriptural reading?
Talk about injustices that currently take place in our society.
What should our attitude be toward these unjust situations?

Juzgar

Escuchando la palabra de Dios:

Busquen en su Biblia el pasaje de los Hechos 7,52-57; 8,3. Lo leen como si fuera una obra de teatro. Uno toma el papel de narrador y los demás asumirán las partes de cada personaje de la lectura. En los grupos mixtos, si no hay papel femenino, una muchacha hace la parte de narradora.

Comentario bíblico:

La lectura presenta a dos jóvenes. Esteban, un hombre bueno y justo, víctima de la injusticia, y Saulo, un hombre malo, instrumento de injusticia, que después de su dramática conversión, es conocido como el apóstol Pablo.

Hoy no matamos a pedradas el cuerpo de los jóvenes, pero para envenenar su espíritu, usamos drogas, alcohol, prostitución, pornografía, consumismo, libertinaje, etc. Los jóvenes de hoy, como estos dos jóvenes bíblicos, tenemos solo dos alternativas: o denunciamos las injusticias y sufrimos al lado de Jesús, o cooperamos con los opresores. La decisión es nuestra.

Esas mismas situaciones de injusticia están presentes en nuestra sociedad hoy. Quienes las denuncian, son vistos con malos ojos, perseguidos y expuestos a correr la suerte de Jesús, de Esteban y de otros que han muerto por ser justos.

Dios nos habla:

Leamos nuevamente el texto bíblico en forma dramatizada, comenzando con esta oración:

"Señor Jesús, amante del bien y la rectitud, haz que construyamos tu reino por caminos de justicia. Amén".

Compartiendo la palabra:

¿Qué actos de injusticia encuentras en esta lectura?
¿Cuáles son las injusticias más sobresaliente de nuestra sociedad hoy?
¿Qué actitud tomar ante esas situaciones de injusticia?

99

The Church Tells Us:

"According to the Gospel, each Christian has the call to love God and their neighbor in such a way that we can see it reflected in the life of society. This calling means mostly a change of heart: a conversion that is manifested in praise to God and specific acts of justice and service." (Episcopal Letter, *Economic Justice for All*)

Act

When you reflected on the Scriptures and shared with others in your small group, did you feel inspired to respond in some way? A simple action should emerge. Following are some suggestions.

1) Have the courage to show your Christian love to someone who has offended you or whom you dislike.
2) Talk with another young person about different activities that oppress young people (such as drugs, pornography, or gangs).

If you wish, share with the group the action that you have decided upon.

Announcements and Reminders:

Everyone is requested to read the material for the next meeting so that you can all come prepared to listen and share.

Closing Song and Prayer

Enseñanza de la Iglesia:

"Según el evangelio, cada cristiano lleva la vocación de amar a Dios y al prójimo de tal manera que se vean los frutos en la vida de la sociedad. Más que nada, tal vocación constituye un cambio de corazón: una conversión que se manifiesta en la alabanza a Dios y en hechos concretos de justicia y servicio". (De la carta episcopal *Justicia económica para todos*)

Actuar

Cuando reflexionaste sobre las Escrituras y compartiste con los demás, ¿tuviste alguna inspiración sobre cómo responder? De esta reflexión deberá surgir una acción sencilla. Los siguientes son meros ejemplos:

1) Haz esfuerzo y manifiesta amor cristiano a quien te ha ofendido o te cae mal.
2) Droga, pornografía, violencia, pandillas, etc. son presiones que los jóvenes sufren hoy más que nunca. Conversa con otro joven sobre uno de estos aspectos.

Si lo deseas, puedes compartir con el grupo la actividad que has decidido realizar.

Memorandos y avisos:

Se pide a todos leer el material de la próxima reunión de tal manera que vengan bien preparados para escuchar y compartir la fe.

Canto y oración final

Obstacles to Justice

Greetings

Opening Song and Prayer

Review of Last Week's Actions

Focus:

The Holy Spirit is made present in love, fellowship, peace, and justice. We are called to live in this Kingdom of Peace, Love and Justice, but the human spirit can be swamped by poor relationships. To fulfill the mission that the Holy Spirit has called us to requires actions that will respond to immediate needs and that will also change the roots of injustice.

See

Human Experience: Look at this drawing and take a few moments to talk about it.

Name some obstacles to achieving justice between human beings.

102

Obstáculos a la justicia

Saludos

Canto y oración inicial

Repaso de las actividades de la semana

Enfoque:

Amor, fraternidad, paz y justicia son signos claros de la presencia del Espíritu Santo. Si bien nuestra vocación es vivir en este reino de justicia, de amor y de paz, nuestro espíritu humano es, muchas veces, sofocado por sistemas de relaciones poco humanas. Cumplir la misión a la que nos llama el Espíritu Santo, nos exige el compromiso en actividades que den soluciones a necesidades inmediatas y que, al mismo tiempo, tiendan a desenraizar las injusticias.

Ver

Experiencia humana: Observa este dibujo por un momento y lo comentas.

Muchos obstáculos impiden la realización de la justicia. Señala algunos.

Judge

Listening to the Word:

Look in your Bible for John 8:1-11. Read it as if it were a theater play: one person will be the narrator and the rest will take the parts of all of the characters in the reading. In groups of both sexes, if there is not a female character in the reading, a female member of the group should be the narrator.

Biblical Commentary:

The scene in the Gospel reflects two attitudes toward the performance of an act. First, the Pharisees demand that the woman be stoned according to the law. But with this demand they are obstructing authentic justice. On the other hand, Jesus defends human dignity over any law. In this way, Jesus shows us the way to fulfill justice completely.

In our lives as young people, we frequently find ourselves in situations that prevent the development of authentic justice. On many occasions, we have collaborated in family and social acts of injustice. This is because many times we want to act however we wish, forgetting about justice as a whole, just like the Pharisees did.

God Speaks to Us:

Repeat the Scripture in the same way, starting with the following prayer:

"O Lord, help all young people build a better world where there is justice and peace. Amen."

Sharing the Word:

What does justice mean to you?
How can we help each other practice justice?
How do you characterize the society you live in: just or unjust?
Please explain.

104

Juzgar

Escuchando la palabra de Dios:

Busquen en su Biblia el pasaje de los Juan 8,1-11. Lo leen como si fuera una obra de teatro. Uno toma el papel de narrador y los demás asumirán las partes de cada personaje de la lectura. En los grupos mixtos, si no hay papel femenino, una muchacha hace la parte de narradora.

Comentario bíblico:

La escena bíblica presenta dos actitudes corrientes en la ejecución de un acto. La de los fariseos que, con base en la ley, exigían dar muerte a una mujer. Semejante actitud obstaculizaba la verdadera justicia. Por otra parte, la actitud de Jesús que, por encima de la ley y en nombre de Dios, defendía la dignidad humana. La actitud de Jesús muestra el camino que lleva a la realización plena de la justicia.
Los jóvenes, a menudo, enfrentan situaciones que son obstáculos reales para el desarrollo de auténtica justicia. En muchas de esas circunstancias, colaboran en actividades de injusticia familiar y social. Asumen así la actitud de los fariseos tratando, de resolver las cosas por sí mismos, olvidando la justicia de Dios.

Dios nos habla:

Leemos nuevamente el texto bíblico en forma dramatizada comenzando, con esta oración:
"Señor, somos tus jóvenes. Ayúdanos a construir un mundo mejor donde reinen la justicia, el amor y la paz. Amén".

Compartiendo la palabra:

Para ti, ¿qué es justicia?
Podemos practicar la justicia. ¿Cómo? ¿Cómo nos podemos ayudar?
¿Es justa o injusta la sociedad en que vives? Explica tu respuesta.

The Church Tells Us:

"Anyone's rights must be definitively respected, and so that everyone enjoys them, it is the duty of the public authority to prevent and to punish injury, and to protect everyone and his own possessions. Still, when there is a question of defending the rights of individuals, the poor and badly off have a claim to special consideration." (*Rerum Novarum*, #37)

Act

When you reflected on the Scriptures and shared with others in your small group, did you feel inspired to respond in some way? A simple action should emerge. Following are some suggestions.

1) During this week, practice justice at home by respecting the rights of your bothers, sisters, and cousins.
2) Each night before going to bed, reflect on whether justice or injustice has characterized your actions that day.
3) Talk with a young person who is not close to the Church about how young people can build a more just society.

If you wish, share with the group the action that you have decided upon.

Announcements and Reminders:

Everyone is requested to read the material for the next meeting so that you can all come prepared to listen and share.

Closing Song and Prayer

Enseñanza de la Iglesia:

"Los derechos, sean de quien sean, habrán de respetarse inviolablemente; y para que cada uno disfrute del suyo deberá proveer el poder civil, impidiendo o castigando las injurias. Sólo que en la protección de los derechos individuales se habrá de mirar principalmente por los débiles y los pobres". (León XIII, *Rerum Novarum,* No. 27)

Actuar

Cuando reflexionaste sobre las Escrituras y compartiste con los demás, ¿tuviste alguna inspiración sobre cómo responder? De esta reflexión deberá surgir una acción sencilla. Los siguientes son meros ejemplos:

1) Practica, durante la semana, justicia en tu casa: respeta los derechos de tus hermanos, hermanas, primos, primas, etc.
2) Cada noche, antes de acostarte, pregúntate: Los hechos de mi vida, ¿se han caracterizado por justicia o injusticia?
3) Reflexiona con un joven alejado de la Iglesia sobre cómo la juventud puede construir una sociedad más justa.

Si lo deseas, puedes compartir con el grupo la actividad que has decidido realizar.

Memorandos y avisos:

Se pide a todos leer el material de la próxima reunión de tal manera que vengan bien preparados para escuchar y compartir la fe.

Canto y oración final

Human Tension

Greetings

Opening Song and Prayer

Review of Last Week's Actions

Focus:

There is constant tension between legitimate self-interest and the responsibility to help solve the problems of others. To achieve both requires prayer, good judgment, and the advice of more mature people to determine the appropriate balance between our personal lives and our different community responsibilities. This is how the Holy Spirit helps us mature in social responsibility to create a world that is more just.

See

Human Experience: Look at this drawing and take a few moments to talk about it.

In what actions of society have you felt human tension?

Tensiones humanas

Saludos

Canto y oración inicial

Repaso de las actividades de la semana

Enfoque:

Dos cosas están siempre en continua tensión: 1) El legítimo interés personal; y 2) la colaboración responsable en la solución de los problemas de otros. Lograr el balance apropiado entre lo personal y lo comunitario demanda oración, buen juicio y la sabiduría de los adultos. Es la forma que tiene el Espíritu Santo de madurar nuestros deberes sociales y crear un mundo más justo.

Ver

Experiencia humana: Observa este dibujo por un momento y lo comentas.

¿En qué acciones sociales has detectado ambiente de tensión humana?

Judge

Listening to the Word:

Look in your Bible for Mark 5:21-24; 35-42. Read it as if it were a theater play: one person will be the narrator and the rest will take the parts of all of the characters in the reading. In groups of both sexes, if there is not a female character in the reading, a female member of the group should be the narrator.

Biblical Commentary:

In this reading, we find a scene filled with tension produced by the pain and suffering of parents desperately looking for a miracle, but who see their daughter dying. During that situation, the calm attitude of Christ that overcomes the tension stands out. In the same way, the young girl who has put her faith and trust in Jesus overcomes fear and finds serenity.

Our society constantly moves in ways that make family and social relationships very tense, which even affect our relationship with the Lord. We who are called to assume the same attitude as Jesus can only reach his calm when we place our faith and trust in him.

God Speaks to Us:

Repeat the Scripture in the same way, starting with the following prayer:
"Teach us, Lord, to build our love on justice and to know that any justice is based on love. Amen."

Sharing the Word:

Have you ever caused a tense situation? Share your experience. What is your attitude during a tense situation in your family or society?
Talk about a tense situation that is present in our society and what your attitude is toward it.

Juzgar

Escuchando la palabra de Dios:

Busquen en su Biblia el pasaje de Marcos 5,21-24; 35-42. Lo leen como si fuera una obra de teatro. Uno toma el papel de narrador y los demás asumirán las partes de cada personaje de la lectura. En los grupos mixtos, si no hay papel femenino, una muchacha hace la parte de narradora.

Comentario bíblico:

La lectura muestra un ambiente cargado de tensiones humanas, nacido del dolor de unos padres que ven agonizar a su hija y, en forma desesperada, buscan que se cumpla un milagro.
Sobresale en el ambiente la actitud serena de Jesús que se sobrepone a la tensión. La jovencita, con gran fe y confianza en Jesús, domina la situación y experimenta la serenidad.
Las situaciones en las que se mueve constantemente nuestra sociedad, tensionan las relaciones sociales y de familia, afectando incluso nuestra relación con Dios. Cuando los jóvenes depositemos nuestra fe y confianza en Jesús, lograremos vivir su actitud y vencer las tensiones.

Dios nos habla:

Leamos nuevamente la lectura en forma dramatizada, comenzando con esta oración:
"Señor, enséñanos a edificar nuestro amor en la justicia y la justicia en el amor. Amén".

Compartiendo la palabra:

¿Provocaste alguna vez una situación de tensión? Comparte tu experiencia.
¿Qué actitud asumes frente a una situación de tensión familiar o social?
Indica una situación actual de tensión social. ¿Cuál es tu actitud ante ella?

111

The Church Tells Us:

"According to the Gospel, each Christian has the vocation to love God and neighbor in such a way that it is reflected in social life. Most of all, this vocation constitutes a change of heart: a conversion that is manifested in praise of God and in deeds of justice and service." (*Gaudium et Spes*, #93)

Act

When you reflected on the Scriptures and shared with others in your small group, did you feel inspired to respond in some way? A simple action should emerge. Following are some suggestions.

1) During this week, make your best effort to remain calm during a tense situation through faith and trust in Jesus.
2) Help to overcome an existing family problem.
3) Talk with someone about a problem that is currently causing social tension.

If you wish, share with the group the action that you have decided upon.

Announcements and Reminders:

Everyone is requested to read the material for the next meeting so that you can all come prepared to listen and share.

Closing Song and Prayer

Enseñanza de la Iglesia:

"Según el evangelio, cada cristiano lleva la vocación de amar a Dios y al prójimo de tal manera que se vean los frutos en la vida de la sociedad. Más que nada, tal vocación constituye un cambio de corazón: una conversión que se manifiesta en la alabanza a Dios y en hechos de justicia y servicio". (Cf. Concilio Vaticano II, *Gaudium et Spes*, No. 93)

Actuar

Cuando reflexionaste sobre las Escrituras y compartiste con los demás, ¿tuviste alguna inspiración sobre cómo responder? De esta reflexión deberá surgir una acción sencilla. Los siguientes son meros ejemplos:

1) Haz, esta semana, el esfuerzo de mantener serenidad ante una situación tensa. La fe y la confianza en Jesús te ayudarán.
2) Ayuda a los tuyos a superar un problema de familia que exista.
3) Comparte con otro sobre un problema actual que esté creando tensión social.

Si lo deseas, puedes compartir con el grupo la actividad que has decidido realizar.

Memorandos y avisos:

Se pide a todos leer el material de la próxima reunión de tal manera que vengan bien preparados para escuchar y compartir la fe.

Canto y oración final

Youth Become Disciples

Los jóvenes nos hacemos discípulos

Jesus Invites Us to Become His Disciples

Greetings

Opening Song and Prayer

Review of Last Week's Actions

Focus:

Jesus initiates our relationship with him. Through Baptism and in Confirmation, the Holy Spirit invites us to grow and develop a friendship with Christ. He asks us to understand and know his values and principles, and to freely follow him.

See

Human Experience: Look at this drawing and take a few moments to talk about it.

How do you think young people today follow Christ?

Jesús nos invita a ser sus discípulos

Saludos

Canto y oración inicial

Repaso de las actividades de la semana

Enfoque:

Nuestra relación con Jesús fue iniciativa suya. Su Espíritu nos llamó a la amistad con él en un proceso de desarrollo y crecimiento, comenzando con los sacramentos del bautismo y la confirmación. Nos pide conocer sus valores y normas y, libremente, seguirlo.

Ver

Experiencia humana: Observa este dibujo por un momento y lo comentas.

¿Cómo crees que la juventud de ahora sigue a Jesús?

117

Judge

Listening to the Word:

Look in your Bible for Acts of the Apostles 9:1-6. Read it as if it were a theater play: one person will be the narrator and the rest will take the parts of all of the characters in the reading. In groups of both sexes, if there is not a female character in the reading, a female member of the group should be the narrator.

Biblical Commentary:

Saul's conversion suggests some ideas that will help us reflect. First, we must emphasize the importance that Jesus' call to friendship has; young people can respond to his call even during their darkest times, as Saul did when blinded.

Saul's invitation was made in the form of a bright light, and today it is done in each one of the realities that we see and live: in the poor, in people separated from the Church, in those who persecute us, etc.

As Christ's followers, youth should bring happiness to those who feel abandoned, ignored, and useless; this way we will be manifesting our friendship with Christ when we see his face in those who are in need. In order to make this possible, we must not think that we are unworthy; it is the same Christ who called Saul who is calling us. We should, then, trust Jesus, because he will extend his helping hand if we lose heart. We must adopt a humble attitude that will help us proclaim him effectively, following Saul's example.

God Speaks to Us:

Repeat the Scripture in the same way, starting with the following prayer:

"Father, invited by your Son to receive the Holy Spirit and to become his disciples, we gather to listen to your Word. Help us listen, understand, and respond faithfully. Amen."

Juzgar

Escuchando la palabra de Dios:

Busquen en su Biblia el pasaje de los Hechos 9,1-6. Lo leen como si fuera una obra de teatro. Uno toma el papel de narrador y los demás asumirán las partes de cada personaje de la lectura. En los grupos mixtos, si no hay papel femenino, una muchacha hace la parte de narradora.

Comentario bíblico:

La conversión de Saulo sugiere ideas para la reflexión. Resalta, ante todo, el significado de llamada que tiene la amistad con Cristo. Esto quiere decir que los jóvenes, sin hacer mucho caso a sus sombras y desánimos, pueden responder al llamamiento que Jesús hace, animados por Saulo, que respondió en un momento de ceguera.

A Saulo, la invitación le vino en forma de luz. Hoy esa luz toma la forma de nuestras realidades sociales: los pobres, los alejados de la Iglesia, los violentos y opresores, etc.

Nos toca a los jóvenes llevar a los maltratados, abandonados y excluidos de la sociedad la alegría de Cristo. Así haremos realidad la amistad con Cristo, cuyo rostro vemos y cuyo cuerpo atendemos en los necesitados. Para concretar este deseo hay que desechar la idea de que somos malos e incapaces, porque el Jesús, que invitó al descarriado Saulo, es el mismo que nos llama a nosotros. Hay que confiar en él, agarrar la mano que nos tiende para no desfallecer, y asumir la actitud humilde de Saulo, garantía de un anuncio eficaz de la buena noticia de salvación.

Dios nos habla:

Leamos nuevamente el texto bíblico en forma dramatizada, comenzando con esta oración:

"Padre de infinito amor, invitados por tu hijo Jesús a recibir el Espíritu Santo y a hacernos sus discípulos, nos reunimos a la escucha de tu palabra. Danos luz para entender y fuerza para responder con fidelidad a tu llamada. Amén".

Sharing the Word:

How do you feel that the Lord has personally called you?
How do you respond when someone invites you to follow Christ?
In what part of society are you prepared to contribute to its
improvement?

The Church Tells Us:

"Discipleship can be defined as meditated actions done in an
intentional, conscientious, and organized manner to promote the
young Christian to imitate Jesus of Nazareth's lifestyle of surren-
der to all other people." (*Faith education process for young
persons, Episcopal Conference of Latin America*)

Act

When you reflected on the Scriptures and shared with others in
your small group, did you feel inspired to respond in some way?
A simple action should emerge. Following are some suggestions.

1) Try to get closer to the sacraments, especially to Mass and
   Reconciliation/Confession.
2) Take a few minutes to reflect on the contents of this
   meeting.

If you wish, share with the group the action that you have
decided upon.

Announcements and Reminders:

Everyone is requested to read the material for the next meeting
so that you can all come prepared to listen and share.

Closing Song and Prayer

120

Compartiendo la palabra de Dios:

¿De qué modo concreto te sentiste personalmente llamado por el Señor?
Cuando un hermano te invita a seguir a Cristo, ¿cómo respondes?
¿Hay algún aspecto social en que colaborarías con gusto para su mejoramiento?

Enseñanza de la Iglesia:

"El discipulado se puede definir como aquella acción cada vez más reflexionada, intencionada, consciente y organizada en orden a promover… el joven cristiano para que imite el estilo de vida de Jesús de Nazaret y viva su vida en la entrega a los demás." (*CELAM, Los procesos de educación en la fe de los jóvenes*)

Actuar

Cuando reflexionaste sobre las Escrituras y compartiste con los demás, ¿tuviste alguna inspiración sobre cómo responder? De esta reflexión deberá surgir una acción sencilla. Los siguientes son meros ejemplos:

1) Trata de acercarte más a los sacramentos, especialmente a la misa y a la confesión.
2) Toma unos momentos para meditar sobre el contenido de esta reunión.

Si lo deseas, puedes compartir con el grupo la actividad que has decidido realizar.

Memorandos y avisos:

Se pide a todos leer el material de la próxima reunión de tal manera que vengan bien preparados para escuchar y compartir la fe.

Canto y oración final

The Life of the Disciple in the Community

Greetings

Opening Song and Prayer

Review of Last Week's Actions

Focus:

The Christian community, with the power of the Holy Spirit, supports the disciple to overcome her or his selfish tendencies. The experiences of acceptance, affirmation, and trust within the community provide the necessary strength to become a true disciple of Christ.

See

Human Experience: Look at this drawing and take a few moments to talk about it.

How do you contribute to the building of community life?

La vida del discípulo en la comunidad

Saludos

Canto y oración inicial

Repaso de las actividades de la semana

Enfoque:

La comunidad cristiana, con el poder del Espíritu que habita en ella, capacita al discípulo para vencer su naturaleza egoísta. La aceptación, afirmación y confianza que se vive en la comunidad, da la fuerza necesaria para ser verdaderos discípulos de Cristo.

Ver

Experiencia humana: Observa este dibujo por un momento y lo comentas.

¿Cómo colaboras en la construcción de la vida comunitaria?

123

Judge

Listening to the Word:

Look in your Bible for Acts of the Apostles 8:29-35. Read it as if it were a theater play: one person will be the narrator and the rest will take the parts of all of the characters in the reading. In groups of both sexes, if there is not a female character in the reading, a female member of the group should be the narrator.

Biblical Commentary:

Philip discovered his role within the community: announce the Gospel and collaborate in building the community by serving others.
Each one of us has a place in our community of faith; from here we are called to change society. It is important that all of us discover the role we are to play when serving our community, as Philip did. This should lead us to properly integrate our lives into culture and society by being faithful witnesses to the truth we have received and which we believe.

God Speaks to Us:

Repeat the Scripture in the same way, starting with the following prayer:
"Help us, Father, to defeat all things that are obstacles preventing us from hearing your Holy Word. We ask this through Christ our Lord. Amen."

Sharing the Word:

Have you discovered what your role is in the community? Describe it.
What has been your attitude toward the different situations young people face?
Do you feel committed or indifferent toward building a new society? How?

Juzgar

Escuchando la palabra de Dios:

Busquen en su Biblia el pasaje de los Hechos 8,29-35. Lo leen como si fuera una obra de teatro. Uno toma el papel de narrador y los demás asumirán las partes de cada personaje de la lectura. En los grupos mixtos, si no hay papel femenino, una muchacha hace la parte de narradora.

Comentario bíblico:

En la comunidad, el apóstol Felipe descubre que su papel es anunciar el evangelio y colaborar, con su servicio a los demás, en la construcción de la comunidad.
En la comunidad de fe, cada uno tiene su lugar. Es desde ese lugar que se nos llama a transformar la sociedad. Es importante que cada uno descubra en la comunidad el servicio que la comunidad le pide, como lo hizo Felipe. Esto nos exige integrar nuestra vida en la cultura y la sociedad, como fieles testigos de la verdad que hemos recibido y en la que creemos.

Dios nos habla:

Leamos nuevamente el texto bíblico en forma dramatizada comenzando con esta oración:
"Padre bueno, que ves el esfuerzo de tus hijos, ayúdanos a superar los obstáculos que nos impiden escuchar tu Palabra. Por Cristo Nuestro Señor. Amén".

Compartiendo la palabra de Dios:

¿Descubriste ya el papel que debes desarrollar en tu comunidad? Descríbelo.
¿Cuál ha sido hasta ahora tu actitud ante las distintas situaciones que viven hoy los jóvenes?
¿Eres indiferente o te sientes comprometido en la construcción de una nueva sociedad? ¿De qué manera?

125

The Church Tells Us:

"Be a testimony to your faith through your commitment to the world. The disciple of Christ is never a passive bystander or indifferent to what is happening. On the contrary, he feels responsible for changing social reality, policies, economic and cultural issues." (*Message of Pope John Paul II during the VII World Youth Day, 1992*)

Act

When you reflected on the Scriptures and shared with others in your small group, did you feel inspired to respond in some way? A simple action should emerge. Following are some suggestions.

1) Talk with a young person who is facing hard times.
2) If you have a special gift (singing, reading, music, poetry, drawing, etc.), put it to the service of your parish community.
3) With the help of other young people, develop ecological or anti-litter campaigns.

If you wish, share with the group the action that you have decided upon.

Announcements and Reminders:

Everyone is requested to read the material for the next meeting so that you can all come prepared to listen and share.

Closing Song and Prayer

Enseñanza de la Iglesia:

"Testimonien, por tanto, su fe, también a través de su compromiso en el mundo. El discípulo de Cristo nunca es un observador pasivo e indiferente frente a los acontecimientos. Al contrario, se siente responsable de la transformación de la realidad social, política, económica y cultural. (*Mensaje de Juan Pablo II en la VII Jornada Mundial de la Juventud, 1992*)

Actuar

Cuando reflexionaste sobre las Escrituras y compartiste con los demás, ¿tuviste alguna inspiración sobre cómo responder? De esta reflexión deberá surgir una acción sencilla. Los siguientes son meros ejemplos:

1) Habla con algún joven que se encuentre en situaciones difíciles.
2) Si tienes dones especiales (canto, lectura, música, disponibilidad, poesía, dibujo, etc.), ponlas al servicio de tu comunidad parroquial.
3) Con la ayuda de otros jóvenes, desarrolla campañas ecológicas y de limpieza, etc.

Si lo deseas, puedes compartir con el grupo la actividad que has decidido realizar.

Memorandos y avisos:

Se pide a todos leer el material de la próxima reunión de tal manera que vengan bien preparados para escuchar y compartir la fe.

Canto y oración final

The Disciple Needs to Nourish the Spiritual Life

Greetings

Opening Song and Prayer

Review of Last Week's Actions

Focus:

The life of the disciple is spiritually nourished through the sacraments, in a complete religious formation, and in personal and community prayer.

See

Human Experience: Look at this drawing and take a few moments to talk about it.

In your parish, how can you nourish your spiritual life?

El discípulo necesita nutrir su vida espiritual

Saludos

Canto y oración inicial

Repaso de las actividades de la semana

Enfoque:

La vida espiritual del discípulo se alimenta en los sacramentos, en una formación religiosa plena, en la oración personal y comunitaria.

Ver

Experiencia humana: Observa este dibujo por un momento y lo comentas.

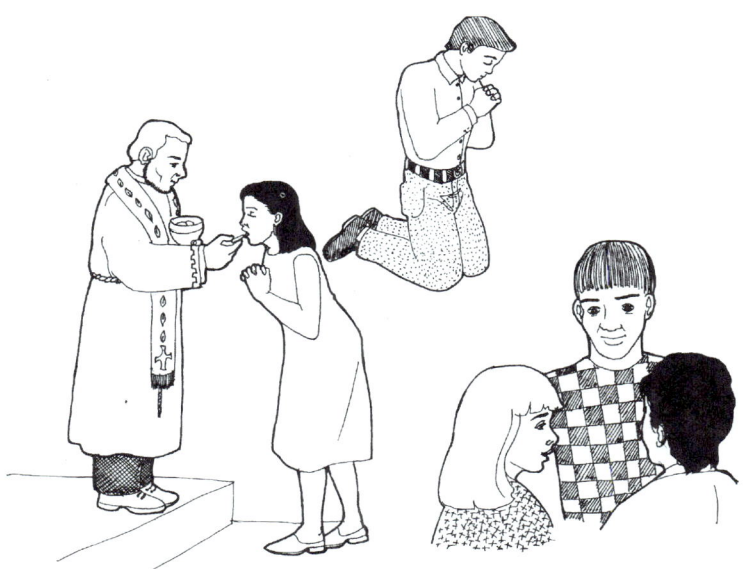

En tu parroquia ¿qué medios tienes a disposición para alimentar tu vida espiritual?

129

Judge

Listening to the Word:

Look in your Bible for I Timothy 4:12-16. Read it as if it were a theater play: one person will be the narrator and the rest will take the parts of all of the characters in the reading. In groups of both sexes, if there is not a female character in the reading, a female member of the group should be the narrator.

Biblical Commentary:

This reading encourages us to reflect on the values of giving and receiving. Saint Paul tells young Timothy that he must put trust in his spiritual gifts and must nourish them in order to give to others.

But how is it possible for young people to nourish themselves in a society that does not show the true face of Christ? Jesus is the friend who walks with us, not the person who condemns us.

How is it possible for us to deepen our understanding of Christ in a society that often denies him?

There are many ways, but the main ones are suggested by Saint Paul: the sacraments, most of all the Holy Mass, an appropriate religious formation, prayer, and Christian community.

God Speaks to Us:

Repeat the Scripture in the same way, starting with the following prayer:

"Lord, we hunger and thirst for your word. Nourish us. Amen."

Sharing the Word:

What do you think your community needs to do in order to improve the ways it nourishes the spiritual life?

What types of religious formation are offered in your community? How does your parish respond to the needs of young people?

130

Juzgar

Escuchando la palabra de Dios:

Busquen en su Biblia el pasaje de 1 Timoteo 4,12-16. Lo leen como si fuera una obra de teatro. Uno toma el papel de narrador y los demás asumirán las partes de cada personaje de la lectura. En los grupos mixtos, si no hay papel femenino, una muchacha hace la parte de narradora.

Comentario bíblico:

La lectura anima nuestra reflexión sobre el valor de dar y recibir. En efecto, san Pablo dice al joven Timoteo que confíe en los dones espirituales propios y los alimente para tener suficiente riqueza y dar a otros.
¿Qué posibilidad tiene un joven de alimentarse espiritualmente en una sociedad que muy pocas veces muestra el verdadero rostro de Cristo? Jesús es amigo, compañero de camino y siempre anima.
¿Será posible ahondar en el conocimiento de Cristo en un ambiente social que lo niega?
Son muchos los modos, pero san Pablo aconseja los más importantes: los sacramentos y, entre ellos, la santa misa, la formación religiosa sistemática, la oración y la experiencia comunitaria de la fe.

Dios nos habla:

Leamos nuevamente el texto bíblico en forma dramatizada, comenzando con esta oración:
"Señor, tenemos hambre y sed de tu palabra. Aliméntanos. Amén".

Compartiendo la palabra de Dios:

¿Qué debería hacer tu comunidad para mejorar los medios de la vida espiritual?
¿Qué clase de medios de formación religiosa hay en tu comunidad?
¿Responden estos medios a las inquietudes de los jóvenes?

131

The Church Tells Us:

"The liturgy and the sacraments offer with great religious sense the elements of community, the certainty of grace, and the reality of the death and the resurrection of the Lord in His people." (*National Pastoral Plan for Hispanic Ministry in the United States*)

Act

When you reflected on the Scriptures and shared with others in your small group, did you feel inspired to respond in some way? A simple action should emerge. Following are some suggestions.

1) Go to Mass every Sunday.
2) Volunteer to receive some kind of religious formation that your parish offers.
3) Prepare yourself better for your next small group meeting.
4) Get closer to your family members and talk with them about the contents of these meetings.

If you wish, share with the group the action that you have decided upon.

Announcements and Reminders:

Everyone is requested to read the material for the next meeting so that you can all come prepared to listen and share.

Closing Song and Prayer

Enseñanza de la Iglesia:

"La liturgia y los sacramentos ofrecen al pueblo, con gran sentido religioso, los elementos de comunidad, la certeza de la gracia, la realidad de la muerte y resurrección del Señor en su pueblo". (*Plan pastoral nacional para el ministerio hispano en los Estados Unidos*)

Actuar

Cuando reflexionaste sobre las Escrituras y compartiste con los demás, ¿tuviste alguna inspiración sobre cómo responder? De esta reflexión deberá surgir una acción sencilla. Los siguientes son meros ejemplos:

1) Ir y participar todos los domingos en la santa misa
2) Aceptar y frecuentar alguno de los programas de formación de la parroquia
3) Prepararse mejor para la próxima reunión del pequeño grupo
4) Conversar con los demás miembros de la familia el contenido de la reunión

Si lo deseas, puedes compartir con el grupo la actividad que has decidido realizar.

Memorandos y avisos:

Se pide a todos leer el material de la próxima reunión de tal manera que vengan bien preparados para escuchar y compartir la fe.

Canto y oración final

Difficulties for the Disciple

Greetings

Opening Song and Prayer

Review of Last Week's Actions

Focus:

Disciples find that their values are often different than the ones of society. With the support of the Church and the wisdom that comes from prayer, they are strengthened in their faithfulness and in their ability to serve and influence the current world.

See

Human Experience: Look at this drawing and take a few moments to talk about it.

What obstacles do you find in following Christ?

Dificultades del discípulo

Saludos

Canto y oración inicial

Repaso de las actividades de la semana

Enfoque:

Los discípulos ven que, a menudo, sus valores son diferentes de los de la sociedad. Pero instruidos por la sabiduría nacida de la oración y animados por el apoyo de la Iglesia, fortalecen su fidelidad y desarrollan su capacidad de servicio e influjo en el mundo actual.

Ver

Experiencia humana: Observa este dibujo por un momento y lo comentas.

¿Qué obstáculos encuentras en el seguimiento de Jesús?

Judge

Listening to the Word:

Look in your Bible for Jeremiah 1:4-8. Read it as if it were a theater play: one person will be the narrator and the rest will take the parts of all of the characters in the reading. In groups of both sexes, if there is not a female character in the reading, a female member of the group should be the narrator.

Biblical Commentary:

Like Jeremiah, we have been elected, called, consecrated, and sent to announce the Good News of salvation. This mission requires that we live our lives following the Lord.
During this journey, we will encounter difficulties that will put obstacles in our way or try to stop the mission that has been given to us.
The difficulty that Jeremiah faces is the fear of not being heard because of his youth. We will also encounter personal, family, and social difficulties that will try to prevent us from fulfilling our work of announcing Jesus to other young people.
We are not alone in facing these difficulties; God has promised to be present always and to give us strength in announcing the Word.

God Speaks to Us:

Repeat the Scripture in the same way, starting with the following prayer:
"Father, we the young have dreams and illusions. Help us see the truth in all that comes from you. Amen."

Sharing the Word:

What kind of personal or family difficulties have you found while following Christ?
What kind of difficulties does our society present to young people?
How have you overcome these difficulties?

136

Juzgar

Escuchando la palabra de Dios:

Busquen en su Biblia el pasaje de Jeremías 1,4-8. Lo leen como si fuera una obra de teatro. Uno toma el papel de narrador y los demás asumirán las partes de cada personaje de la lectura. En los grupos mixtos, si no hay papel femenino, una muchacha hace la parte de narradora.

Comentario bíblico:

Como Jeremías, fuimos llamados, elegidos, consagrados y enviados a anunciar la buena nueva de la salvación, misión que nos exige vivir y experimentar el proceso del seguimiento del Señor.
En el camino, encontramos obstáculos a este seguimiento que nos dificultan la realización de la misión confiada.
A Jeremías lo aterraba el temor a no ser escuchado, por ser aún muy joven. En nuestro caso, los obstáculos al seguimiento de Jesús y a la realización del proyecto de Jesús entre los jóvenes, se llaman: problemas de índole privada y personal, asuntos de familia, condicionamientos sociales.
Tenemos que convencernos de que en estas luchas no estamos solos porque Dios mismo nos ha prometido su presencia que es nuestra fuerza para anunciar su palabra.

Dios nos habla:

Leamos nuevamente el texto bíblico en forma dramatizada, comenzando con esta oración:
"Señor, Dios nuestro, que has puesto en el corazón de los jóvenes sueños e ilusiones, concédenos ver la belleza y la verdad en todo lo que viene de ti. Amén".

Compartiendo la palabra de Dios:

¿Has encontrado problemas personales o familiares en el seguimiento de Jesús? ¿Cuáles?
¿Cuáles son las principales dificultades que hoy la sociedad presenta a los jóvenes?
¿Cómo superaste tus dificultades?

137

The Church Tells Us:

"Human culture must evolve today in such a way that it will develop through a just society the whole human person harmoniously and integrally, and will help all men to fulfill the tasks to which they are called, especially Christians who are fraternally united at the heart of the human family." (*Pastoral Constitution on the Church in the Modern World*, #56)

When you reflected on the Scriptures and shared with others in your small group, did you feel inspired to respond in some way? A simple action should emerge. Following are some suggestions.

1) During the week, observe the different attitudes and activities of your family.
2) Reflect on the contents of commercials on radio, TV, etc., and see if they have Christian values.

If you wish, share with the group the action that you have decided upon.

Announcements and Reminders:

Everyone is requested to read the material for the next meeting so that you can all come prepared to listen and share.

Closing Song and Prayer

Enseñanza de la Iglesia:

"…la cultura humana se debe desarrollar hoy de modo que cultive con un orden justo la total persona humana y ayude a los hombres en las tareas a cuyo desempeño todos se sienten llamados, particularmente los cristianos, unidos fraternalmente en una sola familia humana". (Vaticano II, *Gaudium et Spes*, No. 56)

Actuar

Cuando reflexionaste sobre las Escrituras y compartiste con los demás, ¿tuviste alguna inspiración sobre cómo responder? De esta reflexión deberá surgir una acción sencilla. Los siguientes son meros ejemplos:

1) Son variadas las actitudes y actividades de tu familia. Durante la semana, obsérvalas.
2) El contenido de los anuncios comerciales de la radio, televisión son variados. Piensa en los valores cristianos que en ellos encuentres.

Si lo deseas, puedes compartir con el grupo la actividad que has decidido realizar.

Memorandos y avisos:

Se pide a todos leer el material de la próxima reunión de tal manera que vengan bien preparados para escuchar y compartir la fe.

Canto y oración final

Purification of the Disciple

Greetings

Opening Song and Prayer

Review of Last Week's Actions

Focus:

Personal wounds must heal, for only when free of them can a disciple follow Christ with joy. These wounds must be overcome in order to be completely healed.

See

Human Experience: Look at this drawing and take a few moments to talk about it.

How must we young people be purified?
How do you think you could be healed?

140

Purificación del discípulo

Saludos

Canto y oración inicial

Repaso de las actividades de la semana

Enfoque:

Hay que sanar todas las heridas personales. Solo el discípulo que logra sanar sus heridas es capaz de seguir a Jesús con alegría. Esto supone superar muchas resistencias al mal, con vistas a la completa recuperación.

Ver

Experiencia humana: Observa este dibujo por un momento y luego lo comentas.

¿De qué y de qué manera necesitan los jóvenes purificarse? ¿Te sientes capaz de sanar tu persona? ¿Cómo?

141

Judge

Listening to the Word:

Look in your Bible for II Samuel 12:1-14. Read it as if it were a theater play: one person will be the narrator and the rest will take the parts of all of the characters in the reading. In groups of both sexes, if there is not a female character in the reading, a female member of the group should be the narrator.

Biblical Commentary:

This reading relates two different situations:
The first one relates a parable in which Nathan gives the example of the man who is blinded by riches. This blindness does not allow him to understand the unjust society he lives in which makes him disrespect the dignity of others.
King David shows his anger toward that injustice and complains to Nathan. But David does not understand that he is doing the same things until Nathan makes him understand his own sinful acts.
In the second situation, David is presented as the man who recognizes his faults and repents; this makes him worthy of God's forgiveness. Sincerity within his own heart and the willingness to listen transform him into a crystal worthy of being purified.
In the same way, we must seek this internal purification in our own lives through a sincere recognition and repentance of sins that will allow us to experience God's forgiveness.

God Speaks to Us:

Repeat the Scripture in the same way, starting with the following prayer:
"O Lord, purify our lips, ears, and hearts so that we may hear with love your Holy Word. Amen."

Sharing the Word:

What does God tell you in this reading?
Who in your life, like Nathan, tries to show you your errors so

142

Juzgar

Escuchando la palabra de Dios:

Busquen en su Biblia el pasaje de 2 Samuel 12,1-14. Lo leen como si fuera una obra de teatro. Uno toma el papel de narrador y los demás asumirán las partes de cada personaje de la lectura. En los grupos mixtos, si no hay papel femenino, una muchacha hace la parte de narradora.

Comentario bíblico:

La lectura relata dos momentos. El primero es una parábola en la que el profeta Natán cuenta la actitud de un hombre enceguecido por sus riquezas. Su ceguera le impide ver las situaciones de injusticia en las que vive, situaciones que le hacen irrespetar la dignidad de los otros.
Ante el relato de Natán, el rey David se enciende en ira por semejante injusticia. Reprocha tal actitud, sin reconocer en ella sus propias faltas. Es Natán quien le hace ver cuál ha sido su pecado.
El segundo momento hace ver en David al hombre que reconoce sus faltas y se arrepiente. Su arrepentimiento lo hace merecedor del perdón de Dios. Su capacidad de escuchar y la sinceridad de su corazón lo convierten en un cristal digno de purificación.
Todo joven debería buscar esa purificación. Reconocer sinceramente los errores y arrepentirse de ellos es lo que Dios pide para que experimentemos su perdón.

Dios nos habla:

Leamos nuevamente el texto bíblico en forma dramatizada, comenzando con esta oración:
"Purifica, Señor, nuestras mentes y nuestros corazones, nuestros labios y nuestros oídos, para que limpios de todo mal, escuchemos con amor tu palabra. Amén".

Compartiendo la palabra de Dios:

¿Qué te dice Dios en la lectura bíblica?

that you can repent?
What can you do in your life to experience purification from God?

The Church Tells Us:

"The person who has experienced conversion must find the way to heal fraternal ties and re-enter into the broken community. The community (Church), for her part, must celebrate the return of the member who was dead (in sin) and has been raised (through reconciliation)." (*Preface of the Rite of Penance*)

Act

When you reflected on the Scriptures and shared with others in your small group, did you feel inspired to respond in some way? A simple action should emerge. Following are some suggestions.

1) Examine your life and look for things that enslave you. Do something to change those tendencies.
2) Look for someone, like Nathan, who can help liberate you.

If you wish, share with the group the action that you have decided upon.

Announcements and Reminders:

Everyone is requested to read the material for the next meeting so that you can all come prepared to listen and share.

Closing Song and Prayer

144

¿Hay alguien en tu vida que, como Natán, te haga ver los errores para que te arrepientas?
¿Podrías hacer algo para experimentar la purificación de Dios? ¿Qué?

Enseñanza de la Iglesia:

"El convertido ha de procurar recomponer los lazos fraternales y reentrar en la comunión rota. Por su parte, la comunidad (Iglesia) ha de celebrar (el regreso) del miembro que estaba muerto (en el pecado) y ha sido recobrado vivo (por la reconciliación)". (*Prefacio del rito de la penitencia*)

Actuar

Cuando reflexionaste sobre las Escrituras y compartiste con los demás, ¿tuviste alguna inspiración sobre cómo responder? De esta reflexión deberá surgir una acción sencilla. Los siguientes son meros ejemplos.

1) Haz una revisión de vida y busca lo que te esclaviza. Haz algo por liberarte
2) Busca a un amigo que como Natán te ayude a liberarte

Si lo deseas, puedes compartir con el grupo la actividad que has decidido realizar.

Memorandos y avisos:

Se pide a todos leer el material de la próxima reunión de tal manera que vengan bien preparados para escuchar y compartir la fe.

Canto y oración final

The Disciple's Mission

Greetings

Opening Song and Prayer

Review of Last Week's Actions

Focus:

The community of disciples that lives the life of the Spirit is an authentic witness of Jesus and a voice for the world. This lifestyle is a constant invitation to others to also become Christ's disciples.

See

Human Experience: Look at this drawing and take a few moments to talk about it.

Share with your small group how you were called to be Christ's disciple in the Church. What kind of example do you give as Jesus' follower?

146

Misión del discípulo

Saludo

Canto y oración inicial

Repaso de las actividades de la semana

Enfoque:

La comunidad de discípulos debe vivir la vida en el Espíritu. Eso la hace testigo auténtico de Cristo y una voz vibrante para el mundo. Su estilo de vida es una constante invitación para que otros se hagan discípulos de Cristo.

Ver

Experiencia humana: Observa este dibujo por un momento y lo comentas.

¿Cómo fuiste llamado a ser discípulo de Cristo en la Iglesia? ¿Qué ejemplo das como seguidor de Cristo? Comparte tu experiencia con el grupo.

Judge

Listening to the Word:

Look in your Bible for Acts of the Apostles 2:44-47. Read it as if it were a theater play: one person will be the narrator and the rest will take the parts of all of the characters in the reading. In groups of both sexes, if there is not a female character in the reading, a female member of the group should be the narrator.

Biblical Commentary:

Saint Luke presents a model of the Church in which each person lives and shares the faith in community. Just like the first believers were called, we have also been called to reach for salvation. We start to live this salvation in a communal way. The Christian community gives us the opportunity to experience the happiness of sharing with others through discipleship.

To become a disciple is to follow Jesus, share with our brothers and sisters, and give testimony about God's saving actions among all people.

God Speaks to Us:

Repeat the Scripture in the same way, starting with the following prayer:

"O Lord, make us faithful witnesses so that we may fulfill our mission in the world. Amen."

Sharing the Word:

What is your experience of following Jesus?
How does your small group promote the community's life in faith?
How can you give testimony about your experience with God in our society?

The Church Tells Us:

"Circumstances invite us to pay a very special attention to young people. Their numerical importance and growing presence in society, as well as the problems they are to face, must awaken

Juzgar

Escuchando la palabra de Dios:

Busquen en su Biblia el pasaje de Hechos 2,44-47. Lo leen como si fuera una obra de teatro. Uno toma el papel de narrador y los demás asumirán las partes de cada personaje de la lectura. En los grupos mixtos, si no hay papel femenino, una muchacha hace la parte de narradora.

Comentario bíblico:

San Lucas presenta la Iglesia como comunidad que vive y comparte su fe. Como esos primeros creyentes, los jóvenes han recibido una llamada a la salvación, que comienza en comunidad. La comunidad cristiana da a las juventudes la oportunidad de experimentar la alegría de compartir con otros mediante el discipulado.
Ser discípulo es seguir a Jesús, es comulgar con los hermanos y dar testimonio de la acción salvífica de Dios entre los hombres.

Dios nos habla:

Leamos nuevamente el texto bíblico en forma dramatizada, comenzando con esta oración:
"Señor Dios, envíanos tu Espíritu que nos haga fieles testigos tuyos. Danos también la gracia de cumplir nuestra misión en el mundo. Amén".

Compartiendo la palabra de Dios:

¿Cuál es tu experiencia en el seguimiento de Jesús?
¿Crees que nuestro grupo favorece la vida comunitaria de la fe?
¿Has encontrado la forma de dar testimonio de tu experiencia de Dios en la sociedad?

Enseñanza de la Iglesia:

"Las circunstancias nos invitan a prestar una atención especialísima a los jóvenes. Su importancia numérica y su presencia creciente en la sociedad, los problemas que se les plantean, deben despertar en nosotros el deseo de ofrecerles

within us the zeal to offer them, with intelligence, the ideals they must know and live. However, it is also necessary that young people, well formed in the faith and prayerful, become more and more the disciples of youth. The Church waits for great things from them." (*Evangelii Nuntiandi*, #72)

Act

When you reflected on the Scriptures and shared with others in your small group, did you feel inspired to respond in some way? A simple action should emerge. Following are some suggestions.

1. Join the youth group of your parish.
2. Share some of your things with the needy.
3. Promote activities that will favor the unity of your small group or another community of the Church.

If you wish, share with the group the action that you have decided upon.

Announcements and Reminders:

Everyone is requested to read the material for the next meeting so that you can all come prepared to listen and share.

Closing Song and Prayer

con celo e inteligencia el ideal que deben conocer y vivir. Pero, además, es necesario que los jóvenes, bien formados en la fe y arraigados en la oración, se conviertan cada vez más en los apóstoles de la juventud. La Iglesia espera mucho de ellos". (Pablo VI, *Evangelii Nuntiandi,* No. 72)

Actuar

Cuando reflexionaste sobre las Escrituras y compartiste con los demás, ¿tuviste alguna inspiración sobre cómo responder? De esta reflexión deberá surgir una acción sencilla. Los siguientes son meros ejemplos:

1) Intégrate en el grupo juvenil de tu parroquia
2) Comparte algo de tus bienes con los necesitados
3) Promueve actividades que favorezcan la unión en tu pequeño grupo u otra comunidad de la Iglesia.

Si lo deseas, puedes compartir con el grupo la actividad que has decidido realizar.

Memorandos y avisos:

Se pide a todos leer el material de la próxima reunión de tal manera que vengan bien preparados para escuchar y compartir la fe.

Canto y oración final

Evangelizing Youth

Los jóvenes evangelizan

We Accept the Invitation

Greetings

Opening Song and Prayer

Review of Last Week's Action

Focus:

In order to evangelize, we need to change our hearts, accept the Good News of Jesus, and extend his invitation to others so that more of God's children can participate in the Church.

See

Human Experience: Look at this drawing and take a few moments to talk about it.

We need to do Something beautiful to respond to our Lord.

Talk about a situation in your life when you have felt the Lord's invitation.

154

Aceptamos la invitación

Saludos

Canto y oración inicial

Repaso de las actividades de la semana

Enfoque:

Evangelizar requiere un cambio de corazón: 1) para aceptar a Jesús y su buena nueva y 2) para extender su invitación a muchos hermanos a participar en la Iglesia.

Ver

Experiencia humana: Observa este dibujo por un momento y lo comentas.

Tenemos que hacer algo bonito para responder al Señor.

Comparte algún momento de tu vida en que hayas sentido la invitación del Señor.

155

Judge

Listening to the Word:

Look in your Bible for Mark 1:19-20. Read it as if it were a theater play: one person will be the narrator and the rest will take the parts of all of the characters in the reading. In groups of both sexes, if there is not a female character in the reading, a female member of the group should be the narrator.

Biblical Commentary:

What does a young person look for? Work? Knowledge? Love? A stable family?

In this reading, we see how young John leaves his family and his work to accept Jesus' invitation. This acceptance was so strong that he was the only one who was with Jesus at the foot of the cross. We are young! We like challenges and adventures. What more fabulous adventure than to accept the call that is made to all young people to proclaim our love of Jesus Christ?

God Speaks to Us:

Repeat the Scripture in the same way, starting with the following prayer:

"Our Lord Jesus Christ, Son of the living God, Good Shepherd and our brother, our only option is for you. Amen."

Sharing the Word:

To what extent have you accepted the Lord's invitation? How will you proclaim his love?

What has your attitude been toward the invitation that the Church makes to you to share your faith?

The Church Tells Us:

"…we convoke… a New Evangelization and we call, in a special manner, all young people. At this time we trust that many can respond to the call…" (*Santo Domingo*)

156

Juzgar

Escuchando la palabra de Dios:

Busquen en su Biblia el pasaje de Marcos 1,19-20. Lo leen como si fuera una obra de teatro. Uno toma el papel de narrador y los demás asumirán las partes de cada personaje de la lectura. En los grupos mixtos, si no hay papel femenino, una muchacha hace la parte de narradora.

Comentario bíblico:

¿Qué busca un joven? ¿Trabajo, estudio, devoción o familia sólida? En la lectura, el joven Juan se aleja de su familia y abandona su oficio para aceptar la invitación de Jesús. Su aceptación influenció tanto su vida que fue el único que estuvo con Jesús al pie de la cruz.
¡Somos jóvenes! Nos gustan los retos y las aventuras. ¿Habrá, acaso, una aventura más extraordinaria que aceptar el llamado que tenemos los jóvenes de proclamar nuestro amor a Jesús?

Dios nos habla:

Leamos nuevamente el texto bíblico en forma dramatizada, comenzando con esta oración:
"Señor Jesús, hijo del Dios viviente, nuestro hermano y buen pastor, nuestra única opción eres tú. Amén".

Compartiendo la palabra de Dios:

¿Hasta qué punto has aceptado la invitación del Señor? ¿De qué manera proclamas su amor?
¿Cuál ha sido tu actitud ante la invitación de la Iglesia para que compartas tu fe?

Enseñanza de la Iglesia:

"…convocamos… una nueva evangelización y llamamos especialmente a los jóvenes. Y en esta hora confiamos que muchos… puedan responder al llamado…". (*CELAM, Santo Domingo*)

Act

When you reflected on the Scriptures and shared with others in your small group, did you feel inspired to respond in some way? A simple action should emerge. Following are some suggestions.

1) Commit yourselves, as a group, to take some evangelizing action during this week.
2) Reflect on the effects that the Gospel produces on young people.

If you wish, share with the group the action that you have decided upon.

Announcements and Reminders:

Everyone is requested to read the material for the next meeting so that you can all come prepared to listen and share.

Closing Song and Prayer

Actuar

Cuando reflexionaste sobre las Escrituras y compartiste con los demás, ¿tuviste alguna inspiración sobre cómo responder? De esta reflexión deberá surgir una acción sencilla. Los siguientes son meros ejemplos:

1) Asumir como grupo el compromiso de una acción evangelizadora esta semana.
2) Reflexionar sobre los efectos que produce el evangelio en los jóvenes.

Si lo deseas, puedes compartir con el grupo la actividad que has decidido realizar.

Memorandos y avisos:

Se pide a todos leer el material de la próxima reunión de tal manera que vengan bien preparados para escuchar y compartir la fe

Canto y oración final

We Live What We Believe

Greetings

Opening Song and Prayer

Review of Last Week's Actions

Focus:

To evangelize is to share our faith, to transmit to others the abundant richness and immense happiness of believing in Jesus Christ resurrected. All people who evangelize not only talk but also commit themselves to make their lives a testimony to their beliefs.

See

Human Experience: Look at this drawing and take a few moments to talk about it.

What attitudes do young people have that make them act differently than how they really believe?
Discuss those attitudes.

160

Vivimos lo que creemos

Saludos

Canto y oración inicial

Repaso de las actividades de semana

Enfoque:

Evangelizar es compartir la fe, transmitir a otros las alegres y abundantes riquezas que nos han venido de la fe en Cristo resucitado. El evangelizador se compromete a anunciar a Cristo con hechos y palabras.

Ver

Experiencia humana: Observa este dibujo por un momento y lo comentas.

Hay jóvenes que se comportan distinto a lo que creen. Comenta algunas de esas actitudes.

161

Judge

Listening to the Word:

Look in your Bible for Mark 14:50-52. Read it as if it were a theater play: one person will be the narrator and the rest will take the parts of all of the characters in the reading. In groups of both sexes, if there is not a female character in the reading, a female member of the group should be the narrator.

Biblical Commentary:

We young people are great at accepting motivation from a song or a retreat. But sometimes we lack the discipline to be real disciples and to abandon ourselves to Jesus Christ when we face a problem. Faith is not something you take off or put on like clothes; it is a permanent print that Jesus Christ, always young, leaves in the hearts of those who are open to him. When we do not live what we believe, we are faced with what happened to the young person in the reading, being naked and hopeless in front of the reality that surrounds us.

God Speaks to Us:

Repeat the Scripture in the same way, starting with the following prayer:
"United in love and hope, under the protection of Our Lady of Guadalupe, star of evangelization, we ask for your Spirit. Amen."

Sharing the Word:

Do you think you would be the same if you didn't have faith in Christ? Explain.
Do you think the society we live in leads young people to act in opposition to their faith? How?
What can we do to live our faith better?

Juzgar

Escuchando la palabra de Dios:

Busquen en su Biblia el pasaje de Marcos, 14,50-52. Lo leen como si fuera una obra de teatro. Uno toma el papel de narrador y los demás asumirán las partes de cada personaje de la lectura. En los grupos mixtos, si no hay papel femenino, una muchacha hace la parte de narradora.

Comentario bíblico:

Los jóvenes nos dejamos motivar por un canto o un retiro, pero nos falta casi siempre la disciplina que nos da virtud para vencer las dificultades en el seguimiento de Cristo y ser sus verdaderos discípulos.
La fe no es algo que se quita y se pone como la ropa. La fe es una marca imborrable que Cristo deja en el corazón de quienes se abrieron a él. Si no vivimos lo que creemos, quedamos indefensos y desnudos en el mundo que nos rodea, como le pasó al joven de la lectura

Dios nos habla:

Leamos nuevamente el texto bíblico en forma dramatizada, comenzando con esta oración:
"Unidos en amor y esperanza y bajo la protección de nuestra Señora de Guadalupe, estrella de la evangelización, pedimos tu Espíritu, Señor Jesús. Amén".

Compartiendo la palabra de Dios:

¿Crees que serías la misma persona si no tuvieras fe en Cristo? Explica.
¿Influye el ambiente social en el joven para que no actúe según su fe? ¿Cómo?
¿Qué habría que hacer para vivir mejor nuestra fe?

163

The Church Tells Us:

"…following the Pope's constant invitation, let us invite more young people to be the revitalized force of the Church and hope of the world." (*Santo Domingo*)

Act

When you reflected on the Scriptures and shared with others in your small group, did you feel inspired to respond in some way? A simple action should emerge. Following are some suggestions.

1) Make an examination of conscience asking yourself if your way of life clearly shows that you are a Christian.
2) Reconcile yourself with someone with whom you have had a problem.

If you wish, share with the group the action that you have decided upon.

Announcements and Reminders:

Everyone is requested to read the material for the next meeting so that you can all come prepared to listen and share.

Closing Song and Prayer

Enseñanza de la Iglesia:

"…siguiendo la invitación constante del Papa, convocamos una vez más a los jóvenes, para que sean fuerza renovadora de la Iglesia y esperanza del mundo". (*Santo Domingo*)

Actuar

Cuando reflexionaste sobre las Escrituras y compartiste con los demás, ¿tuviste alguna inspiración sobre cómo responder? De esta reflexión deberá surgir una acción sencilla. Los siguientes son meros ejemplos:

1) Haz un examen de conciencia preguntándote si tu manera de vivir muestra claramente que eres cristiano.
2) Reconcíliate con alguien con quien has tenido un disgusto.

Si lo deseas, puedes compartir con el grupo la actividad que has decidido realizar.

Memorandos y avisos:

Se pide a todos leer el material de la próxima reunión de tal manera que vengan bien preparados para escuchar y compartir la fe.

Canto y oración final

We Share Our Faith

Greetings

Opening Song and Prayer

Review of Last Week's Actions

Focus:

We like to share with other young people what motivates us; for example, the wish to be a star athlete, our dream to succeed, our opinions on music or movies. Likewise, it is natural to want to share with others our happiness in getting to know Jesus Christ. Let's look for a way to share with others Jesus' Good News.

See

Human Experience: Look at this drawing and take a few moments to talk about it.

What does sharing your faith with others mean to you?

166

Compartimos la fe

Saludos

Canto y oración inicial

Repaso de las actividades de la semana

Enfoque:

Compartimos con gusto con otros jóvenes lo que nos conmueve: anhelos de sobresalir en el deporte, ilusiones de superación, opiniones sobre música o cine. Es natural querer compartir con otros jóvenes también la alegría de conocer a Jesucristo. Busquemos los modos de compartir con otros jóvenes la buena nueva: Jesús.

Ver

Experiencia humana: Observa este dibujo por un momento y lo comentas.

Para ti ¿qué significa compartir tu fe con los demás?

167

Judge

Listening to the Word:

Look in your Bible for John 1:43-46. Read it as if it were a theater play: one person will be the narrator and the rest will take the parts of all of the characters in the reading. In groups of both sexes, if there is not a female character in the reading, a female member of the group should be the narrator.

Biblical Commentary:

Watch the method that Jesus uses to form the Christian community. Each one of his disciples motivates and invites the rest to journey toward Jesus.
When Philip shares his faith with Nathaniel, he motivates him to follow Jesus too. Likewise, we are invited to show others that Jesus is capable of loving and giving his life for the sake of youth.
But in order to proclaim Jesus and his message, we young people must be impelled to follow Christ and make him known to others. This is best done during our daily chores, at work, at school, in our families, and in society. The message of Christ is always young if we share it with other youth.

God Speaks to Us:

Repeat the Scripture in the same way, starting with the following prayer:
"Lord, give us the grace to start a new evangelization that reaches especially to young people. Amen."

Sharing the Word:

How do we young people share our faith?
How does the way we share our faith make us reflect on the problems of our community?

168

Juzgar

Escuchando la palabra de Dios:

Busquen en su Biblia el pasaje de Juan 1, 43-46. Lo leen como si fuera una obra de teatro. Uno toma el papel de narrador y los demás asumirán las partes de cada personaje de la lectura. En los grupos mixtos, si no hay papel femenino, una muchacha hace la parte de narradora.

Comentario bíblico:

El método que Jesús usa para formar la comunidad cristiana es muy efectivo. Los discípulos se encargan de motivar y seducir a los otros con vistas a seguir a Jesús.
El ejemplo de Felipe que, comparte su fe y motiva a Natanael, es una invitación a presentar a los otros la persona de Jesús, el único capaz de amar hasta entregar su vida por los jóvenes.
Para comunicar a los otros la persona de Jesús y su mensaje, los jóvenes deben impulsar un proceso de conocimiento y seguimiento de Cristo. El proceso debe abarcar las tareas cotidianas, el trabajo, la escuela, la familia y la sociedad.
El mensaje de Cristo es siempre joven si se comparte con los jóvenes.

Dios nos habla:

Leamos nuevamente el texto bíblico en forma dramatizada, comenzando con esta oración:
"Señor Jesús, danos la gracia de empeñarnos en una nueva evangelización que llegue especialmente a los jóvenes. Amén".

Compartiendo la palabra de Dios:

¿De qué manera los jóvenes compartimos la fe?
¿En qué forma compartir la fe nos hace pensar en los problemas de nuestra comunidad?

The Church Tells Us:

"Young people must be protagonists in the life of both society and the Church… we must present to them, in their own language, the beauty of the Christian vocation and offer them high and noble ideals that will support their aspirations for a more just and fraternal society." (*The Holy Father in Santo Domingo*, October, 1992)

Act

When you reflected on the Scriptures and shared with others in your small group, did you feel inspired to respond in some way? A simple action should emerge. Following are some suggestions.

1) Commit yourself during this week to share the experiences of your Christian life with a friend from your school or neighborhood.
2) As a small group, make a visit to church to give thanks as a community and to offer up all your work.

If you wish, share with the group the action that you have decided upon.

Announcements and Reminders:

Everyone is requested to read the material for the next meeting so that you can all come prepared to listen and share.

Closing Song and Prayer

Enseñanza de la Iglesia:

"Los jóvenes habrán de ser protagonistas en la vida de la sociedad y de la Iglesia… A ellos hay que presentar en su propio lenguaje la belleza de la vocación cristiana y ofrecerles ideales altos y nobles, que los sostengan en sus aspiraciones de una sociedad más justa y fraterna". (*Juan Pablo II, Santo Domingo*, Octubre de 1992)

Actuar

Cuando reflexionaste sobre las Escrituras y compartiste con los demás, ¿tuviste alguna inspiración sobre cómo responder? De esta reflexión deberá surgir una acción sencilla. Los siguientes son meros ejemplos:

1) Compromiso de la semana: comparte con un compañero de estudios o de comunidad tu experiencia cristiana y tu seguimiento de Cristo.
2) Como grupo juvenil, hagan una visita a la iglesia y compartan en comunidad su acción de gracias y sus proyectos.

Si lo deseas, puedes compartir con el grupo la actividad que has decidido realizar.

Memorandos y avisos:

Se pide a todos leer el material de la próxima reunión de tal manera que vengan bien preparados para escuchar y compartir la fe.

Canto y oración final

We Receive Others

Greetings

Opening Song and Prayer

Review of Last Week's Actions

Focus:

The small group is the way many young people enter into the Church. Because of this, it is very important that we give a warm welcome and respect to any youngster who visits our small group, especially ones who are most in need or most separated from the Church.

See

Human Experience: Look at this drawing and take a few moments to talk about it.

Why is it important to you to welcome people in a friendly way?

172

Recibir a otros

Saludos

Canto y oración inicial

Repaso de las actividades de la semana

Enfoque:

El pequeño grupo es el medio para que muchos jóvenes entren en la Iglesia. De ahí la importancia de la acogida cordial y el respeto sin reservas a todo joven que visite nuestro grupo. Especial atención merecen los más alejados y necesitados de la Iglesia.

Ver

Experiencia humana: Observa este dibujo por un momento y luego lo comentas.

¿Por qué es importante para ti acoger y atender amigablemente a las personas?

173

Judge

Listening to the Word:

Look in your Bible for Hebrews 13:1-3. Read it as if it were a theater play: one person will be the narrator and the rest will take the parts of all of the characters in the reading. In groups of both sexes, if there is not a female character in the reading, a female member of the group should be the narrator.

Biblical Commentary

The letter to the Hebrews invites us to maintain a mutual love with others, to welcome and help others in the same way we would welcome Christ. "Whoever receives one of these little ones in my name receives me" (Matthew 18:5).
We must remember that Jesus is in each person regardless of her or his human condition. Following Christ means living as he did and serving others. Our youth groups should not only look at the material and human side of service, but efforts should also be directed to the implementation of the saving plan of God. Other people shouldn't have to ask for your help, and you shouldn't wait for any payment or benefit when you help others; you should work for others because this is the work that Jesus started and entrusted to us. It is in specific actions that we show that we have chosen Christ.

God Speaks to us:

Repeat the Scripture in the same way, starting with the following prayer:
"Help us, Lord, to understand that each young person is our brother or sister, that each stranger is only a friend we have not yet met. Amen."

Sharing the Word:

Do you behave the same around all people?
Why does our behavior change due to other people's presence?
What should our small group's attitude be when we welcome a new person?

Juzgar

Escuchando la palabra de Dios:

Busquen en su Biblia el pasaje de los Hebreos 13, 1-3. Lo leen como si fuera una obra de teatro. Uno toma el papel de narrador y los demás asumirán las partes de cada personaje de la lectura. En los grupos mixtos, si no hay papel femenino, una muchacha hace la parte de narradora.

Comentario bíblico:

La Carta a los hebreos invita a mantener una relación de amor fraterno con los demás, a acogerlos y brindarles el apoyo necesario como si se tratara del mismo Cristo. "El que recibe en mi nombre a un niño como estos, a mí me recibe" (Mateo 18,5). Hay que recordar que Jesús vive en cada persona, sin importar su condición. Seguir a Cristo en forma honesta quiere decir vivir como él vivió y servir a los demás con amor. Nuestros grupos juveniles no deben ver solo el lado material y humano del servicio. También tienen que ver la vida espiritual e implementar el proyecto salvador de Dios. No tienes que esperar que los demás pidan ayuda ni que te ofrezcan gratificaciones por tus servicios. Al contrario, debes darte a los demás gratuitamente porque esa fue la tarea iniciada por Jesús y ahora a ti encomendada. Nuestra opción cristiana se manifiesta con acciones concretas.

Dios nos habla:

Leamos de nuevo el texto bíblico en forma dramatizada, comenzando con esta oración:
"Señor Jesús, que viniste a enseñarnos el camino del amor, haz que acojamos a cada joven como a un hermano y a cada extraño como a un amigo al que todavía no conocemos. Amén".

Compartiendo la palabra de Dios:

¿Es tu comportamiento igual para con todos los seres humanos? ¿Por qué la apariencia de los demás nos lleva a variar nuestro comportamiento?

The Church Tells Us:

"Reaffirm the 'preferential option' towards young people... not only in an affective way but in an effective way. This must mean a strong option in which there must be real support accompanied by mutual dialogue between young people." (*Santo Domingo*)

Act

When you reflected on the Scriptures and shared with others in your small group, did you feel inspired to respond in some way? A simple action should emerge. Following are some suggestions.

1) Notice how you act in front of difficult people.
2) Within your group, plan a warm welcome for new members.

If you wish, share with the group the action that you have decided upon.

Announcements and Reminders:

Everyone is requested to read the material for the next meeting so that you can all come prepared to listen and share.

Closing Song and Prayer

¿Con qué actitud nuestro grupo juvenil debe acoger a una persona nueva?

Enseñanza de la Iglesia:

"Reafirmar la 'opción preferencial' por los jóvenes… no sólo de modo afectivo sino efectivamente, esto debe significar una opción concreta en la que haya un acompañamiento y apoyo real con diálogo mutuo entre jóvenes". (*Santo Domingo*)

Actuar

Cuando reflexionaste sobre las Escrituras y compartiste con los demás, ¿tuviste alguna inspiración sobre cómo responder? De esta reflexión deberá surgir una acción sencilla. Los siguientes son meros ejemplos:

1) Revisa tus actitudes y date cuenta de cómo reaccionas ante personas difíciles.
2) Planifica en tu grupo una forma cordial y juvenil de recibimiento de los nuevos integrantes.

Si lo deseas, puedes compartir con el grupo la actividad que has decidido realizar.

Memorandos y avisos:

Se pide a todos leer el material de la próxima reunión de tal manera que vengan bien preparados para escuchar y compartir la fe.

Canto y oración final

We Meditate Together

Greetings

Opening Song and Prayer

Review of Last Week's Actions

Focus:

There are many ways to evangelize. For example, you can preach or give a good testimony. In the small group, we evangelize each other by sharing our faith. When we honestly talk about our own experiences of Jesus and listen with respect to the experiences of others, we create a real Christian community.

See

Human Experience: Look at this drawing and take a few moments to talk about it.

How does your group help you reflect?

Reflexionemos juntos

Saludos

Canto y oración inicial

Repaso de las actividades de la semana

Enfoque:

Muchas son las maneras de evangelizar. Podemos hacerlo predicando o dando un buen testimonio. En el pequeño grupo nos evangelizamos unos a otros compartiendo la fe. En efecto, comunicando con sencillez y verdad nuestra propia experiencia de Jesús y escuchando con respeto las experiencias de los otros, creamos una verdadera comunidad cristiana.

Ver

Experiencia humana: Observa este dibujo por un momento y lo comentas.

¿Cómo sientes que el grupo te ayuda a reflexionar?

179

Judge

Listening to the Word:

Look in your Bible for Luke 24:33-35. Read it as if it were a theater play: one person will be the narrator and the rest will take the parts of all of the characters in the reading. In groups of both sexes, if there is not a female character in the reading, a female member of the group should be the narrator.

Biblical Commentary:

Saint Luke presents a very important moment in the lives of the disciples who had returned to Jerusalem and found the other disciples together meditating and sharing the great event: "Christ the Lord has risen from the dead." As young people, we have also had a personal experience of Christ who has come to meet us, has changed our lives, tells us to follow him, and trusts us with the mission to continue the evangelization.

God Speaks to Us:

Repeat the Scripture in the same way, starting with the following prayer:
"You have promised that where two or three are gathered in your name, you will be there. Today, as we share in your name, make yourself present in our community. Amen."

Sharing the Word:

What event are the disciples talking about?
Have you had a personal experience with Jesus?
What difficulties do you find in sharing your faith with others?

The Church Tells Us:

"May space open in the Church for the participation of adolescents and young people… May it promote their action through the methodology of see, judge, act…" (*Santo Domingo*)

Juzgar

Escuchando la palabra de Dios:

Busquen en su Biblia el pasaje de Lucas 24, 33-35. Lo leen como si fuera una obra de teatro. Uno toma el papel de narrador y los demás asumirán las partes de cada personaje de la lectura. En los grupos mixtos, si no hay papel femenino, una muchacha hace la parte de narradora.

Comentario bíblico:

El momento que san Lucas presenta en la lectura, es muy importante en la vida de los discípulos. Una vez vueltos a Jerusalén, se han reunido. Comparten y meditan el gran acontecimiento de la resurrección del Señor.
A lo largo de nuestras vidas, nosotros como jóvenes, hemos hecho también la experiencia personal de Cristo. El vino a nuestro encuentro, transformó nuestras vidas, nos invitó a su seguimiento y nos confió la evangelización.

Dios nos habla:

Repetiremos la lectura de la misma manera comenzando con la siguiente oración:
"Señor Jesús, nos has prometido que estarás presente allí donde dos o tres están reunidos en tu nombre. Hoy, que compartimos en tu nombre, hazte presente en nuestra comunidad. Amén".

Compartiendo la palabra de Dios:

¿Qué acontecimiento comparten los discípulos?¿Has tenido una experiencia personal con Cristo?
¿Encuentras dificultades de compartir tu fe con otros? ¿Cuáles?

Enseñanza de la Iglesia:

"Que abra a los adolescentes y jóvenes espacios de participación en la misma Iglesia… Que promueva el protagonismo a través de la metodología del ver, juzgar, actuar…". (*Santo Domingo*)

181

Act

When you reflected on the Scriptures and shared with others in your small group, did you feel inspired to respond in some way? A simple action should emerge. Following are some suggestions.

1) Take advantage of some current event and reflect on it with your family.
2) Choose the most important part of that reflection and put it into practice.

If you wish, share with the group the action that you have decided upon.

Announcements and Reminders:

Everyone is requested to read the material for the next meeting so that you can all come prepared to listen and share.

Closing Song and Prayer

Actuar

Cuando reflexionaste sobre las Escrituras y compartiste con los demás, ¿tuviste alguna inspiración sobre cómo responder? De esta reflexión deberá surgir una acción sencilla. Los siguientes son solo ejemplos:

1) Utilizar algún acontecimiento del momento para reflexionar sobre él con la familia.
2) Seleccionar lo más importante de lo reflexionado y ponerlo en práctica.

Si lo deseas, puedes compartir con el grupo la actividad que has decidido realizar.

Memorandos y avisos:

Se pide a todos leer el material de la próxima reunión de tal manera que vengan bien preparados para escuchar y compartir la fe.

Canto y oración final

We Continue Forward

Greetings

Opening Song and Prayer

Review of Last Week's Actions

Focus:

This meeting is not the end; evangelization is still beginning. As Christ's love has no end, so our sharing this love with others can't end. For Christ, always more, more and MORE.

See

Human Experience: Look at this drawing and take a few moments to talk about it.

How are you prepared to continue evangelization?
What role do you think your small group has in accomplishing this?

Seguimos adelante

Saludo

Canto y oración inicial

Repaso de las actividades de la semana

Enfoque:

Esta reunión no es un punto final, pues la Evangelización está apenas en sus inicios. Si el amor de Cristo no tiene fin, tampoco debe tener fin el compartir nuestro amor con los demás. ¡Por Cristo, más, más y más!

Ver

Experiencia humana: Observa este dibujo por un momento y lo comentas.

¿De qué manera estás dispuesto a continuar en el camino de la evangelización?
¿Piensas que la tarea de evangelizar tu pequeño grupo juega un papel importante?

Judge

Listening to the Word:

Look in your Bible for I Corinthians 13:4-8. Read it as if it were a theater play: one person will be the narrator and the rest will take the parts of all of the characters in the reading. In groups of both sexes, if there is not a female character in the reading, a female member of the group should be the narrator.

Biblical Commentary:

This reading reminds us that love has no limits, that it will never end. It suggests that our Christian commitment, our group experience, and our evangelizing mission also have no ending; they have just started. As young people, let's make this our decision and continue with enthusiasm to show the presence and love of God.

God Speaks to Us:

Repeat the Scripture in the same way, starting with the following prayer:
"Eternal love, we cannot rest in living and sharing your love until we rest in you. Amen."

Sharing the Word:

As a group, what do we have to do to commit ourselves to continuous evangelization?
What possible obstacles might we encounter?
How can we solve them?

The Church Tells Us:

"Let us finish by invoking the name of Mary… may she help us proclaim her Son…." (*Santo Domingo*)

186

Juzgar

Escuchando la palabra de Dios:

Busquen en su Biblia el pasaje de 1 Cor 13,4-8. Lo leen como si fuera una obra de teatro. Uno toma el papel de narrador y los demás asumirán las partes de cada personaje de la lectura. En los grupos mixtos, si no hay papel femenino, una muchacha hace la parte de narradora.

Comentario bíblico:

Esta lectura nos recuerda que el amor no tiene límites ni terminará jamás. Ella nos dice en términos de amor:
Nuestro compromiso cristiano está en acto
Nuestra experiencia grupal está en camino
Nuestra misión evangelizadora apenas ha comenzado
Es de jóvenes cristianos cultivar estos sentimientos y continuar irradiando, con entusiasmo, la presencia de Dios en el mundo y su infinito amor.

Dios nos habla:

Repetiremos la lectura de la misma manera comenzando con la siguiente oración:
"Amor eterno, hoy nos comprometemos a vivir y a compartir sin descanso tu amor. Haz que nuestro único descanso seas tú. Amén".

Compartiendo la palabra de Dios:

¿Qué hacer como grupo para llevar a cabo una labor de continua evangelización?
¿Cuáles son los obstáculos que posiblemente vamos a encontrar?
¿Cómo habría que enfrentarlos y darles solución?

Enseñanza de la Iglesia:

"Terminemos invocando a María… que ella nos ayude a anunciar a su Hijo…". (*Santo Domingo*)

Act

When you reflected on the Scriptures and shared with others in your small group, did you feel inspired to respond in some way? A simple action should emerge. Following are some suggestions.

1) Decide what your first step will be to continue with your small group.
2) Commit yourselves to take that step.
3) What will be your specific share in reaching this goal?

If you wish, share with the group the action that you have decided upon.

Announcements and Reminders:

Everyone is requested to read the material for the next meeting so that you can all come prepared to listen and share.

Closing Song and Prayer

Even though we have finished this book, our renewal still continues. Let's ask how we can help, as a group, in the pastoral work of our parish.

Actuar

Cuando reflexionaste sobre las Escrituras y compartiste con los demás, ¿tuviste alguna inspiración sobre cómo responder? De esta reflexión deberá surgir una acción sencilla. Los siguientes son solo ejemplos:

1) Decide cuál será tu primer paso para continuar con tu grupo pequeño.
2) Comprométete contigo mismo para dar ese paso.
3) ¿Cuál será la tarea especifica que tú harás para alcanzar esa meta?

Canto y oración final

Aunque hoy terminamos con este libro, nuestra renovación continúa.
Consultemos cómo podemos colaborar, como grupo,
en el trabajo pastoral de la parroquia.

ST PAULS

This book was produced by St. Pauls/Alba House, the Society of St. Paul, an international religious congregation of priests and brothers dedicated to serving the Church through the communications media.

For information regarding this and associated ministries of the Pauline Family of Congregations, write to the Vocation Director, Society of St. Paul, P.O. Box 189, 9531 Akron-Canfield Road, Canfield, Ohio 44406-0189. Phone (330) 702-0359; or E-mail: spvocationoffice@aol.com or check our internet site, www.albahouse.org

Este libro es un producto San Pablo/Alba House de la Sociedad San Pablo, una congregación religiosa internacional de sacerdotes y hermanos al servicio de la Iglesia con los medios de la comunicación social.

Para información de este servicio y los servicios colaterales de las congregaciones de la Familia Paulina, escriba al Director de pastoral vocacional, Sociedad de San Pablo, P.O. Box 189, 9531 Akron-Canfield Road, Canfield, Ohio 44406-0189. Teléfono (330) 702-0359; o E-mail: spvocationoffice@aol.com o visite nuestro internet site, www.albahouse.org